MICRO PUNTILLISMO: EL A
Celina

Arte, Pintura, Mandala, Puntillismo, Decoración, Manualidades, Arte decorativo

Editor: A.M. Rothman
Autor: Celina E. Emborg
Fotografia: A.M. Rothman

¡TU OPINION ES IMPORTANTE!
Puedes escribir sobre que te pareció este libro o dejarme un comentario en: http://emborg.com.ar/

Para comunicarte con la autora:
mandalasdeluz@hotmail.com

Copyright © 2024 Celina Emborg
All right reserved © 2024
www.emborg.com.ar

INDICE

INDICE 2
BIENVENIDO 4
¿QUÉ ENCONTRARÁS EN ESTE LIBRO? 6
ACLARACIÓN 7

PARTE I - INTRODUCCIÓN 8
   EL MICROPUNTILLISMO 9
   UN POCO DE HISTORIA 11
   PUNTILLISMO VS MICRO PUNTILLISMO 20
   MICRO PUNTILLISMO VS STIPPLING ART 23

PARTE II - COMO PUNTEAR 26
   MATERIALES QUE NECESITARÁS PARA TU OBRA CON MICRO PUNTILLISMO 27
   TÉCNICAS BÁSICAS DE PUNTEO 33
   CONSEJOS PARA PUNTEAR Y COLOREAR 34
   TIPOS DE PUNTEO 36

PARTE III – MICROPUNTILLISMO PASO A PASO 43
   MANDALA PRIMAVERAL 44
   MANDALA DE CORAZONES 58
   MANDALA "EL ÁRBOL DE LA VIDA" 68

MANDALA DE MARIPOSAS 81
MANDALA UNIVERSO 92
MANDALA RADIANTE 104
MANDALA DULZURA 114

PATRONES PARA PRÁCTICAR 124
- Mandala primaveral 125
- Mandala de corazones 127
- Mandala árbol de la vida 129
- Mandala con mariposas 131
- Mandala universo 133
- Mandala Radiante 135
- Mandala dulzura 137
- Hoja de practica 139

OTROS LIBROS Y CURSOS DE CELINA EMBORG 142

BIENVENIDO

¡Bienvenidos! Te presento una técnica de puntillismo diferente, esta es una técnica artística con la que podrás trabajar con materiales más económicos y accesibles, como los que se usan en la escuela, en el dibujo e ilustraciones artísticas.

Este libro es una guía completa para introducirte en el mundo del micro puntillismo, donde gracias a la libertad de sus materiales podremos experimentar más libremente con la creatividad y el color.

El objetivo de este libro es que aprendas la técnica y puedas lograr fácil y rápidamente hermosas creaciones con resultados impactantes.

Esta es una técnica artística, que sirve como técnica decorativa, de dibujo, para colorear, o de arte digital. Por lo que dominándola podrás aplicarla dependiendo de los materiales que luego decidas utilizar.

Vale mencionar, que el micro puntillismo es una técnica totalmente antiestrés, te ayudará a relajarte mientras focalizas tu atención en la colocación de cada punto y su ritmo.

Esta práctica es considerada una meditación activa, por lo tanto, concentrándote en el punteado obtendrás tranquilidad, podrás calmar tu ansiedad y obtener todos los beneficios que esta práctica proporciona. También es una técnica ideal para desarrollar la concentración y la atención.

Para usar esta técnica no hay excusas es : *Económica, accesible, versátil, práctica y divertida.*

No necesitas una gran inversión. Los materiales que utilizaremos son más accesibles que los de la pintura tradicional, podemos utilizar material escolar como de calidad artística profesional.

El material es trasladable, podes colocar todo en una bolsa o cartera y llevarlo contigo. Además, no es una *técnica húmeda*, por lo que no utilizaras agua, o medio líquido, evitando los tan molestos derrames o mojaduras

Tampoco se necesitan espacios grandes, ni especiales para realizarlo, con un pequeño espacio en un escritorio o mesa es suficiente. También podrás realizarlo mientras viajas, o esperas en una silla, sea en un bar, en un café, en la visita al médico, etc. *¡No hay excusas para pintar!*

Para facilitar el aprendizaje, los trabajos del libro están graduados en dificultad, de más sencillos a complejos, encontraras en cada uno de los diseños todo su paso a paso y explicado detalladamente.

Los colores propuestos en cada proyecto pueden cambiarse según tu preferencia. Los colores y tonos pueden varias dependiendo de la marca utilizada.

El objetivo final de este libro es que una vez que domines la técnica artística puedas aplicarla en el ámbito que desees con los materiales que prefieras: sea dibujo, decoración, técnica mixta, pintura o arte digital, o simplemente como técnica para colorear.

¿QUÉ ENCONTRARÁS EN ESTE LIBRO?

En este libro encontrarás una guía paso a paso para dominar el micro puntillismo como técnica artística y decorativa.

El libro se divide en 4 partes.

En la primer parte, encontrarás una introducción para comprender el micro puntillismo tanto históricamente, como conceptual, con su diferencia con otras técnicas.

En la segunda parte, encontrarás todo lo necesario para comenzar a pintar: desde los materiales a un abordaje a las diferentes técnicas de punteo, concejos y mucho más

En la tercera parte, encontrarás el paso a paso, de como realizar los primeros trabajos.

El objetivo aquí es iniciarse de lleno en el micro puntillismo de forma práctica y guiada para experimentar las diferentes técnicas con el fin de lograr diferentes trabajos de forma exitosa.

En la parte final, encontrarás páginas de práctica y prueba, en lo que se incluyen patrones y diseños para practicar las diferentes técnicas de micro puntillismo.

Estas páginas han sido incluidas para que puedas iniciarte rápidamente.

ACLARACIÓN

Los diseños, fotos, imágenes y arte que encontrarás en este libro fueron creados por personas y artistas y no han sido generados de forma artificial.

Asi mismo, vale destacar que estos diseños e imágenes han sido creados y utilizados por la artista Celina Emborg en su taller de arte con sus alumnas, por lo que son diseños 100% realizables.

Ten presente que algunas obras son más difíciles que otras, pero con un poco de paciencia y práctica las podrás realizar.

Vale destacar que, esta selección de trabajos te servirá aprender la técnica de micropuntillismo paso a paso, y es ideal inspirarte, en especial cuando quieres pintar, y no sabes que hacer o como empezar.

Además estos proyectos te permitirán crear tus propios obras, diseños e ideas así como dominar las diferentes técnicas.

Este libro ha sido elaborado con el propósito de compartir y celebrar el talento y la creatividad de los artistas, y cualquier uso indebido de su trabajo está sujeto a las leyes de derechos de autor aplicables.

PARTE I - INTRODUCCIÓN

EL MICRO PUNTILLISMO

El termino puntillismo se utiliza para nombrar a una técnica artística y decorativa basada en el punteado. Es decir, se caracteriza porque en lugar de pinceladas se utilizan puntos.

Por su parte, el micro puntillismo es una técnica artística y decorativa moderna, de origen étnico aborigen muy antigua.

También suele comprenderse como una técnica derivada del puntillismo, en la que se diferencia porque se utilizan diferentes puntos de tamaño pequeños, para crear la obra.

A diferencia del puntillismo tradicional, se utilizan, distintas herramientas de dibujo como marcadores, lápices, lapiceras o biromes, o cualquier elemento y herramienta que permita realizar puntos muy pequeños.

En el micro puntillismo, la técnica de punteado se realiza colocando puntos uno al lado del otro de diferentes colores sobre una superficie. Estos puntos se encuentran, lo suficientemente juntos como para que formen figuras y formas, así como luces y sombras, esfumados, degradados y otros efectos visuales.

Los puntos de colores se unen de una manera muy particular, cuando miras el dibujo muy de cerca, será imposible distinguir las formas, pero a medida que te alejas es más fácil diferenciar las líneas y colores, observándose el dibujo sin dificultad.

En conclusión, el termino micro puntillismo define a la técnica artística y decorativa que crea una obra a partir de la utilización del punteado con puntos pequeños y realizados con elementos provenientes del dibujo, para la creación de diseños alegres y decorativos.

Además, el micro puntillismo se considera una técnica de entretenimiento y antiestrés.

UN POCO DE HISTORIA

Orígenes Antiguos

El puntillismo es una técnica artística que más ha sido utilizada de diversas formas a lo largo de la historia.

Una de las aplicaciones más antiguas de esta técnica puede encontrarse en el arte de los indígenas australianos, quienes empleaban puntos en sus diseños y dibujos para narrar historias y representar su conexión con la naturaleza y la espiritualidad.

Este uso ancestral del puntillismo no solo tenía fines estéticos, sino que también desempeñaba un papel significativo en la preservación de la cultura y las tradiciones orales de estas comunidades.

El Surgimiento del Puntillismo en el Siglo XIX

Si bien ya existía el puntillismo como técnica artística decorativa, el puntillismo, tal como lo conocemos en la historia del arte occidental, surgió en Francia durante el siglo XIX como una evolución del impresionismo.

Este estilo artístico se caracterizaba por la aplicación de pequeñas pinceladas o puntos de colores puros sobre el lienzo, que, vistos a una cierta distancia, se mezclan ópticamente para formar una imagen completa.

Este enfoque científico del color y la luz fue desarrollado por Georges Seurat (1859-1891), quien es ampliamente reconocido como el principal representante y pionero del puntillismo.

Georges Seurat y la Ciencia del Arte

Georges Seurat, un joven artista parisino, estudió en la École des Beaux-Arts de París, donde adquirió una sólida formación clásica en el dibujo y la pintura.

Sin embargo, Seurat estaba insatisfecho con las limitaciones del arte académico y comenzó a explorar nuevas formas de expresión artística. Influenciado por las teorías científicas del color de Michel Eugène Chevreul, Charles Blanc y Ogden Rood, Seurat se propuso desarrollar una técnica que combinara la precisión científica con la creatividad artística.

La teoría del color de Chevreul, en particular, tuvo un gran impacto en Seurat. Chevreul había descubierto que los colores adyacentes se influyen mutuamente y que la percepción del color puede variar según su contexto.

Inspirado por estos principios, Seurat comenzó a experimentar con la aplicación de puntos de colores puros en lugar de mezclar los colores en la paleta. Su objetivo era lograr una mayor luminosidad y vibración en sus pinturas mediante el uso de la mezcla óptica, en la que los ojos del espectador combinan los colores en lugar de hacerlo el artista en el lienzo.

La Primera Obra Maestra del Puntillismo

En 1884, Seurat comenzó a trabajar en su obra más ambiciosa y famosa, "Un domingo por la tarde en la isla de La Grande Jatte".

Georges Seurat, Study for "A Sunday on La Grande Jatte", 1884

Esta pintura monumental, que mide más de dos metros de alto y tres metros de ancho, se completó en 1886 y se convirtió en un icono del puntillismo. La obra representa una escena tranquila de la vida parisina en la isla de La Grande Jatte, con figuras cuidadosamente delineadas y bañadas en una luz resplandeciente.

"Un domingo por la tarde en la isla de La Grande Jatte" no solo destaca por su tamaño y composición, sino también por su meticulosa técnica de puntos de colores.

Georges Seurat (1859-1891), Puerto de Honfleur, (1886)

Seurat aplicó miles de puntos minúsculos de pigmento puro en el lienzo, creando una imagen vibrante y llena de vida.

Esta técnica no solo produce un efecto visual único, sino que también sugiere una nueva forma de ver y experimentar el mundo a través del arte.

La Influencia de Seurat y el Desarrollo del Neoimpresionismo

La innovadora técnica de Seurat pronto atrajo la atención de otros artistas, quienes comenzaron a experimentar con el puntillismo y a desarrollar sus propias variaciones de esta técnica.

Entre los seguidores más destacados de Seurat se encuentra Paul Signac, quien se convirtió en uno de los principales defensores del neoimpresionismo, también conocido como divisionismo.

El neoimpresionismo amplió las ideas de Seurat sobre la teoría del color y la aplicación de puntos, explorando nuevas formas de representar la luz y el color en la pintura.

Paul Signac (1863-1935) trabajó estrechamente con Seurat y adoptó la técnica del puntillismo en sus propias obras.

A diferencia de Seurat, Signac prefería utilizar pinceladas más amplias y visibles, lo que daba a sus pinturas una textura y un dinamismo únicos.

Sus obras, como "El puerto de Saint-Tropez" y "La bouée rouge", muestran cómo el puntillismo puede ser adaptado para diferentes efectos estilísticos, artísticos y emocionales.

El Legado del Puntillismo

Aunque el puntillismo como movimiento artístico tuvo una existencia relativamente breve, su impacto en la historia del arte fue significativo.

Las innovaciones técnicas y teóricas introducidas por Seurat y sus seguidores influyeron en una variedad de movimientos artísticos posteriores, incluyendo el fauvismo, el cubismo y el arte abstracto.

Artistas como Henri Matisse, André Derain y Piet Mondrian exploraron nuevas formas de utilizar el color y la luz en sus obras, inspirándose en las ideas del puntillismo.

Además, el puntillismo dejó un legado duradero en el mundo del arte al subrayar la importancia de la teoría del color y la percepción visual.

Las investigaciones de Seurat y otros puntillistas sentaron las bases para una mayor comprensión científica del color y su influencia en la percepción humana, temas que continúan siendo explorados por artistas y científicos.

En otras palabras, podemos ver como el cambio de pincelas por la utilización de puntos cambio la forma de ver, pensar y entender el arte y el color.

El Puntillismo en la actualidad

Hoy en día, el puntillismo, entendido como el uso de puntos como medio artístico, sigue siendo una técnica apreciada y practicada por artistas de todo el mundo.

Su influencia puede verse en una amplia variedad de medios, desde la pintura y el dibujo hasta el arte digital y los tatuajes.

Puntillismo Digital, símil arte australiano aborigen

La precisión, la paciencia, la libertad creativa y el resultado artístico convierten al puntillismo, en una forma de arte particularmente desafiante, gratificante y muy elegida en la actualidad.

En la actualidad, uno de los detalles más importantes a destacar es que el cambio de la pincelada al punteo ha permitido el uso de nuevas herramientas, con la experimentación del color y los efectos visuales, evitando todos los problemas de la pintura tradicional y del pincel.

Esto ha dado origen a la tendencia artística creciente del micro puntillismo, ya que es una variación moderna, más desafiante y menos problemática del puntillismo clásico.

Mientras que el puntillismo tradicional utiliza puntos de diversos tamaños aplicados con pinceles y pinturas húmedas y lienzos grandes, el micro puntillismo se caracteriza por el uso de puntos extremadamente pequeños, generalmente creados con herramientas de dibujo de alta precisión como plumas de tinta, bolígrafos de punta fina y marcadores de precisión y superficies más pequeñas, prácticas y portátiles.

El micro puntillismo es una técnica versátil, que puede ser utilizada en una amplia variedad de estilos y géneros artísticos o decorativos, que abarca desde retratos y paisajes hasta ilustraciones abstractas, diseño gráfico o diseños más étnicos.

Esta flexibilidad de la técnica de punteado, la hace atractivo para muchos artistas contemporáneos, que desean experimentar sin lidiar con los problemas de la pintura tradicional.

Lo que permite centrarse en otras cuestiones, como el contraste, los colores, los efectos visuales o el diseño.

Conclusión

La utilización de puntos como medio artístico, en el puntillismo y su evolución hacia el micro puntillismo demuestran cómo una técnica artística puede transformarse y adaptarse a través del tiempo.

Desde sus orígenes en el arte indígena australiano hasta su desarrollo en la Francia del siglo XIX y su sofisticación en el arte contemporáneo, el puntillismo y el micro puntillismo han dejado una marca duradera en la historia del arte.

Estas técnicas de utilización de puntos para la creación artística y decorativa no solo han ampliado nuestra comprensión del color y la percepción visual, sino que también han proporcionado nuevas formas de expresión para artistas de todas las épocas y lugares, asi como la utilización de nuevos materiales para la creación, incluso digital.

PUNTILLISMO VS MICRO PUNTILLISMO

La primer gran pregunta que generalmente se hace la gente es *¿En qué se diferencia el puntillismo del micro puntillismo?*

El puntillismo se realiza con elementos pictóricos generalmente húmedos como tintes, pintura acrílica, oleo, etc. y sobre bases como telas, maderas, etc.

El tamaño de los puntos puede variar desde muy pequeños a grandes (3mm. o más).

Los puntos más grandes pueden destacar y crear contrastes fuertes, mientras que los más pequeños se mezclan suavemente para formar transiciones de color.

Por otro lado, el micro puntillismo es una variación más minuciosa y detallada de esta técnica.

La gran diferencia se encuentra en que el micro puntillismo es una técnica donde se utilizan puntos de distintos tamaños, pero siempre pequeños, así como el uso de materiales denominados "secos", (lápices, biromes, marcadores) y su soporte es el papel.

En otras palabras, el micro puntillismo se caracteriza por su precisión y detalle, ya que, al usar puntos más pequeños y uniformes, los artistas pueden lograr un nivel de detalle, donde los efectos visuales del micro puntillismo son más sutiles y refinados. Esto permite la creación de figuras, luces, sombras, esfumados y degradados entre otros efectos.

Además, que el micro puntillismo se utiliza, como una técnica relajante y antiestrés. Es ideal como técnica de meditación activa, siendo accesibles para niños de edad escolar como para adultos mayores.

Por último, otra gran diferencia es que, a la hora de pintar, el puntillismo suele requerir grandes espacios por el tipo de tamaño y el material utilizado, mientras que el micro puntillismo puede pintarse en espacios reducidos o pequeños y con material muy accesible.

Esto permite que el micro puntillismo, no solo sea una técnica artística, sino también decorativa.

Georges Seurat, c.1889-90 Young Woman Powdering Hersel

Vincent van Gogh, Self Portrait, 1887, using pointillist technique.

MICRO PUNTILLISMO VS STIPPLING ART

Muchas personas confunden el micro puntillismo con el stippling art, por lo cual se hace necesario explicar las diferencias entre ambos. El stippling art, conocido en español como punteado, este término proviene de la palabra holandesa "pequeño punto".

Si bien se utilizan puntos, tanto como en el puntillismo o en micro puntillismo, el propósito stippling art es crear la impresión de luces, sombras y volumen en una obra, ya que se puede representar un rango completo de valores con la disposición de los puntos.

El stippling art podría definirse como una técnica de dibujo, que implica la creación de miles de puntos en un solo color para crear varios tonos, logrando obtener una imagen hiperrealista, similar al grabado, la fotocopia o fotografía.

Si bien ambas técnicas utilizan el punteado, la gran diferencia es que, el stippling art tiende a la monocromía, junto a la sensación 3D, a diferencia del micro puntillismo que juega con los colores, ya que la idea es obtener diseños más coloridos y alegres a partir de la combinación de puntos y colores.

Podría comprenderse, al stippling art como una respuesta de los artistas y el dibujo a las técnicas de grabado e impresión.

Sin embargo, el micro puntillismo es una técnica mucho más antigua que se le puede atribuir diferentes orígenes, que se remonta a las tribus australianas, como también una variante del puntillismo de la época de Seurat.

En el micro puntillismo se utilizan diferente tipo de herramientas, con variedad de colores, y donde no se busca específicamente hacer luces, sombreados, ni mucho menos dar volumen 3D, sino más bien crear un diseño sencillo y alegre jugando con los colores y la posibilidad del material

Así mismo, otra gran diferencia es que el stippling art muchas veces busca crear imágenes y dibujos hiperrealistas, casi como copias fotográficas, mientras que el micro puntillismo busca jugar con los puntos, los colores, los espacios y el contraste para crear imágenes y diseños más decorativos, alegres y artísticos o incluso rústicos, étnicos e infantiles.

Resumen

Stippling art:

- Técnica de dibujo
- Imágenes hiperrealistas
- Respuesta artística a las técnicas de grabado e impresión
- Monocromático (1 solo color)
- Uso de luces y sombras
- Imita al grabado y la fotografía.

Micro puntillismo:

- Técnica artista y decorativa antigua
- Diseños sencillos y coloridos
- Origen étnico y aborigen
- Origen derivado del puntillismo
- Múltiples colores, contrastes y efectos visuales
- Técnica de entretenimiento y antiestrés

Stippling art - The Young Shepherd, Giulio Campagnola c. 1482 – c. 1515

PARTE II - COMO PUNTEAR

MATERIALES QUE NECESITARÁS PARA TU OBRA CON MICRO PUNTILLISMO

Antes de comenzar a puntear, es recomendable hacer un boceto preliminar del diseño. En este libro encontrarás ideas y diseños para comenzar.

Esto ayuda a tener una guía visual y asegura que los puntos se coloquen en las áreas correctas para crear las formas y efectos deseados.

La elección y combinación de colores es crucial en el micro puntillismo. Los artistas deben considerar cómo los colores interactúan entre sí y cómo se percibirán desde diferentes distancias. El uso de degradados y variaciones tonales puede agregar profundidad y dimensión a las obras.

En conclusión, realizar micro puntillismo necesitarás principalmente estos materiales:

1. <u>El dibujo impreso sobre papel de color blanco</u>. Si se desea puede ser de color muy claro o pastel.
2. <u>Las herramientas con que realizar los puntos</u> marcadores, rotuladores, fibras, micro fibras, bolígrafos y biromes.

A continuación, detallaremos un poco más sobre cada uno de estos elementos.

Dibujo impreso

- Generalmente, la imagen se imprime sobre el *papel para fotocopias* (denominado también «uso mano») tiene un gramaje que varía entre 60 y 90 g/m^2.
- Se deberá tener en cuenta que la obra no lucirá de la misma manera que en un papel de un gramaje mayor o más grueso.
- Si recién te inicias en la técnica, este papel es suficiente, te permitirá practicar sin problemas.
- Si ya adquiriste practica y quieres que tus obras luzcan más, te recomiendo imprimirlo en cartulina, papeles con gramaje mayor de 120 gr., hojas de dibujo escolar, de color blanco, claro o pastel.
- La cartulina tiene un gramaje que parte de 150 g/m^2 y llega hasta 350 g/m^2. Según el gramaje, la hoja de papel tendrá una determinada consistencia al tacto y un cierto grado de textura, que será mayor en el caso de elegir un papel con un gramaje inferior. Estos papeles son los recomendados para cuando te sientas más seguro.

Micro puntillismo sobre hojas de colores

El color de fondo más utilizado a la hora de puntear con la técnica micro puntillismo es el fondo blanco.

Este color de hoja permite puntear con cualquier color, el efecto será realmente fantástico.

Si quieres variar el color de fondo, se puede utilizar hojas tipo cartulina con colores claros o pasteles, y se tendrá que colocar puntos con colores que resalten o contrasten para dar más luminosidad a la obra.

También es posible utilizar hojas de color o colores oscuros en el fondo, pero se necesitan marcadores o rotuladores diferentes, como los marcadores acrílicos, para que se vean con claridad.

Además, la elección de colores es más difícil porque, a diferencia del blanco no siempre lucen bien todos los colores elegidos.

Utilizar otro color de fondo puede ser muy interesante pero deberás experimentar previamente como se ve con respecto a los colores de punteado.

LAS HERRAMIENTAS

Algunas consideraciones a tener en cuenta sobre las herramientas de punteado:

- Las herramientas con la que puntearás reciben diferentes nombres dependiendo del país donde lo adquieras.
- En Argentina se llaman marcadores o fibras, en otros países rotuladores, plumillas, etc.
- También necesitarás marcadores, rotuladores o plumones microfibras, son marcadores de punta muy fina 0,4mm
- Además, utilizaremos biromes o bolígrafos de colores brillantes.
- Otros nombres con los que se denominan: boli (por bolígrafo), esferográfica, lapicero, birome, lapicerito, lapicera, lápiz tinta, pluma atómica o esfero.

- Pueden utilizarse los biromes comunes o de gel, con brillitos, etc.

Puedes ver en la página siguiente algunas imágenes de las herramientas que utilizaremos, para que puedas reconocerlas más fácilmente.

BIROMES O BOLÍGRAFOS

Las biromes realizan puntos pequeños y delicados y variando la presión al imprimirlo, se logran puntos muy chicos y de color suave.

El punteo es una técnica que toma su tiempo. Se necesitará paciencia y constancia para completar el punteo de una forma con birome, pero el resultado lo vale!.

MARCADORES, ROTULADORES O FIBRAS

El punteo con el marcador o rotulador es rápido, los puntos son grandes a comparación con los puntos obtenidos con la birome, pero el resultado es muy diferente, parecerá desprolijo, la tinta se expande aglutinando los puntos muy cercanos y dejando un aspecto poco agradable.

Aconsejo utilizarlo en determinadas ocasiones como por ejemplo para dar profundidad o realzar un color.

Se utiliza poco y sólo en determinadas ocasiones, puede ser reemplazado por la microfibra

Marcadores microfibra

Los marcadores microfibra realizan puntos pequeños y parejos. El punteado es rápido, el punto se imprime fácilmente sobre la hoja, y el resultado es óptimo.

El marcador o rotulador micro punta se diferencia del marcador o rotulador común por su punta, esta mide entre los 0, 5 o 0,4 mm. de grosor.

Estos son los elementos de punteo mas usuales, por supuesto puedes animarte a utilizar otros elementos y materiales para puntear, pero es importante experimentar los diferentes efectos visuales.

TÉCNICAS BÁSICAS DE PUNTEO

En el micro puntillismo utilizaremos diferentes elementos para crear micropuntos, cada uno dará un efecto diferente. Para ello es necesario explorar y experimentar.

Antes de comenzar a puntear, es necesario tener cerca una hoja, puede ser descartable, para descargar de la birome o elemento que usemos el exceso de tinta, o probar si funciona correctamente, trazando unas rayitas previas en ella.

Debemos destacar que:

- ✓ Las biromes crean puntos diferentes en cuanto al color y tamaños.
- ✓ El marcador microfibra realiza puntos iguales tanto en tamaño como en color.
- ✓ El marcador o rotulador hará diferentes tamaños de punto según la presión realizada sobre la hoja al momento de colocar el punto.
- ✓ Los puntos del marcador o fibra son grandes y la tinta se expande brevemente en la hoja,
- ✓ A veces al juntarse o superponerse los puntos pueden dar un efecto de mancha de color.

¡Una vez realizada la descarga o la prueba, solo debemos animarnos a hacer puntos!

CONSEJOS PARA PUNTEAR Y COLOREAR

Te dejo los consejos y los puntos más importantes de esta técnica:

- Asegúrate que la herramienta de punteo este limpia y funcione.
- Es importante probar las herramientas. antes de pintar. Es indispensable tener siempre cerca una hoja preferentemente blanca para probar el tamaño de los puntos antes de puntear sobre el mandala o diseño que vas a hacer. Te recomiendo hacer esto cada vez que cambies de herramienta de punteo.
- De la misma manera, práctica el punteado brevemente en una hoja.
- Antes de comenzar a puntear, es recomendable hacer un boceto preliminar del diseño. Esto ayuda a tener una guía visual y asegura que los puntos se coloquen en las áreas correctas para crear las formas y efectos deseados.
- Se debe ser muy detallista y puntear sin prisa.
- No coloques los puntos sobre las líneas que marcan la figura, ya que esto dará una sensación de desprolijidad.
- En los esfumados, no te preocupes si quedan pequeñas áreas sin puntear o con muy pocos puntos. Recuerda que el resultado final de toda la forma es lo importante.
- Recordar colocar un papel sobre el dibujo para apoyar la mano y así no manchar la obra.
- Si se produce algún error, no se podrá corregir, por lo que te aconsejo realizarlo presentando mucha atención, y programando previamente como puntearás.

- <u>Se puede realizar diferentes efectos variando la cantidad y la distancia entre los puntos</u>.
- Para en un área <u>dar volumen y profundidad a la obra, coloca los puntos más juntos para ir espaciándolos</u> gradualmente a medida que te alejas de la zona.
- Aplica tonalidades tanto oscuras como claras, que enriquecerán visualmente el proyecto.
- La variedad de color le da más expresión al cuadro.
- Puedes colocar varios colores en una misma zona según el efecto que desees producir.
- Los colores pueden seleccionarse para generar contrastes o para destacar áreas específicas.
- Los colores pueden mezclarse visualmente colocando puntos de diferentes colores cerca unos de otros. Esto permite la creación de transiciones suaves y gradientes, así como la simulación de colores intermedios.
- Los colores más oscuros y mayor densidad de puntos pueden utilizarse para las sombras, mientras que los colores más claros y menos puntos son ideales para las áreas iluminadas.
- Es interesante dejar pequeños espacios para que se vean las formas y la obra "respire".
- Experimenta con diferentes tipos de lienzos, bases o grosor de papeles.
- <u>Al finalizar, deja secar bien las tintas y luego proteger tu trabajo con laca acrílica en aerosol</u>.
- *Anímate a experimentar con diferentes materiales de punteo y colores.*

TIPOS DE PUNTEO

Veamos los tipos de punteo en el micro puntillismo:

   A. **Aplicando un solo color:**
   - Uniforme
   - Esfumados

   B. **Punteo con dos o más colores:**
- Degradé
- Luces y Sombras
- Volumen

A. APLICANDO UN SÓLO COLOR

Las primeras técnicas que podemos utilizar en el micro puntillismo es utilizando un solo color, estas son: *Uniforme* y *Esfumados*.

1. UNIFORME

En esta técnica se utiliza un tipo de punteo donde los puntos son todos iguales en tamaño y color, dando como resultado una textura homogénea.

En este ejemplo de cada tipo de punteo se muestran en el 1ª ovalo punteo realizado con birome, 2º microfibra y por último, el 3 º con rotulador o marcador.

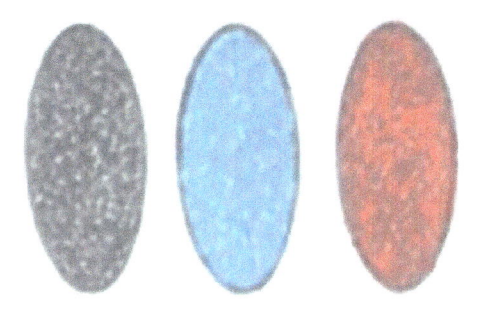

Al realizarse con biromes o marcadores, puede pasar que el resultado obtenido no será totalmente homogéneo o liso.

Esta técnica se realiza colocando la herramienta en posición vertical para luego subir y bajar, marcando el punto.

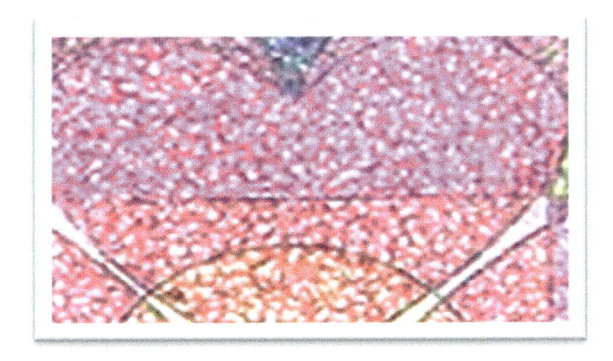

Vale observar que, la birome realiza puntos pequeños pero desparejos tanto en tamaño como en color, a diferencia del marcador que marca puntos iguales.

2. ESFUMADOS

El esfumado es otra técnica muy sencilla donde se utiliza un solo color.

En este ejemplo vemos óvalos punteados con birome en un solo color. Podemos observar como el blanco del papel o de la base genera un efecto de luz.

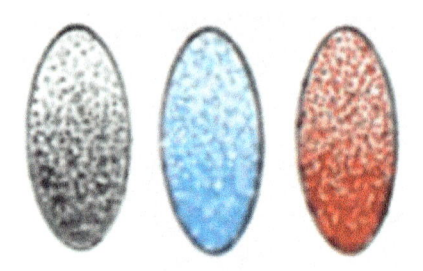

En otras palabras, en este tipo de punteo se colocan más puntos en un área determinada (en este ejemplo, la zona inferior) para ir disminuyendo la cantidad de puntos a medida que se alejan de esta (zona superior).

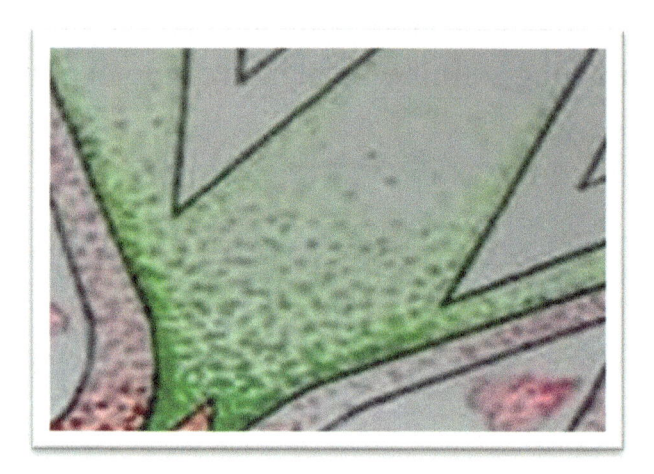

No se trata de que sea perfecto, sino de lograr el efecto visual.

B. PUNTEO CON DOS O MÁS COLORES

Veamos ejemplos de cada tipo de puntos y efectos visuales según el tipo de elemento utilizado. Existen 3 técnicas de micro puntillismo que se pueden realizar con 2 colores: *Degradé, Luces y sombras y Volumen*

1. DEGRADÉ

En este ejemplo, de izquierda a derecha, los óvalos muestran punteos realizados 1º con birome, microfibra en el 2º y por último con rotulador.

Podemos observar, como cambia el punteado y el tipo de efecto visual que genera.

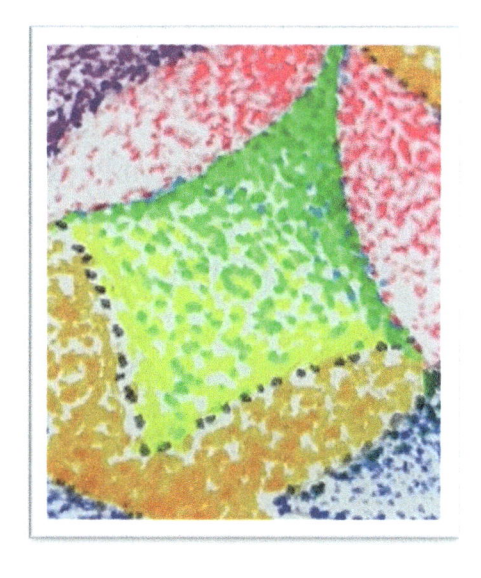

Para realizar este tipo de punteado, se crea un efecto de esfumado (explicado anteriormente) con cada color, de manera que, quede una zona intermedia que tenga una menor cantidad de puntos.

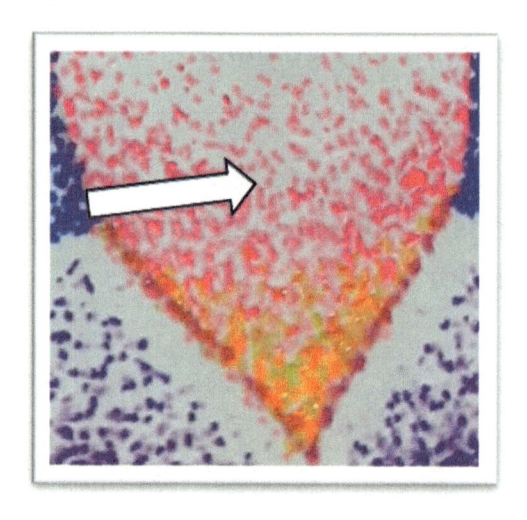

Es en esta área, en la que los puntos de diferentes colores se superponen, logrando así una integración suave y armoniosa en degradé.

2. LUCES Y SOMBRAS

Esta técnica de punteado se realiza en dos pasos:

a) Primero se hace un punteado uniforme con un solo color.

b) Luego, se añade un segundo color más oscuro encima del primero en un área predefinida, creando un esfumado para no cubrir completamente el color base.

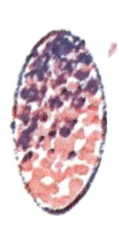

En este ejemplo podemos ver diferentes tipos de superposición de puntos con diferentes elementos.

Esta técnica permite agregar sombra o textura a un área ya punteada.

3. VOLUMEN

Para realizar esta técnica de volumen, es importante tener en cuenta que la zona de luz parece elevada y se realiza sin puntear o con muy pocos puntos.

En contraste, la sombra o profundidad se logra mediante un punteado más denso y superpuesto.

En el primer óvalo, se utilizaron bolígrafo, marcador microfibra y rotulador, todos del mismo color, en este caso violeta.

En el primer ejemplo, el ovalo de la izquierda, se realizó de la siguiente manera:

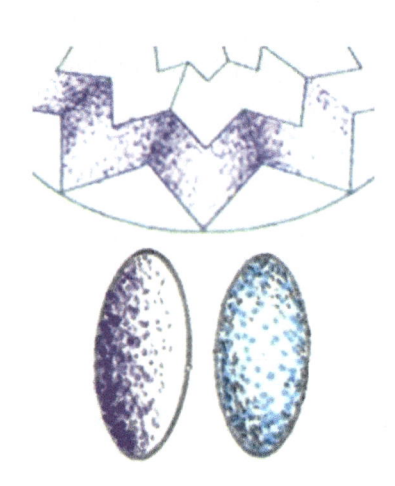

a) Se comenzó con el bolígrafo, aplicando la técnica de esfumado.

b) Luego, se continuó con el marcador microfibra, punteando en un área más pequeña y más cercana al borde sombreado, esfumando a medida que se aleja de la sombra, para finalizar sin colocar puntos, en los bordes del punteo hecho con bolígrafo.

c) Finalmente, en la parte más oscura, se añadieron puntos con el rotulador solo en el borde y en muy poca cantidad.

En el segundo óvalo, el de la derecha, se utilizaron microfibras celestes y azul oscuro:

a) Se punteó con la microfibra celeste, usando la técnica de esfumado alrededor del óvalo, con algunos puntos apenas en el centro.

b) Para darle más profundidad, se completó con algunos puntos no muy juntos en el borde del óvalo.

Estas son las técnicas básicas de punteado; siempre recomiendo practicarlas previamente en una hoja.

PARTE III – MICROPUNTILLISMO PASO A PASO

MANDALA PRIMAVERAL

MATERIALES

Para este diseño utilizaremos <u>Microfibras</u> de color:

- Amarillo claro y Amarillo fluorescente.
- Rosa, Magenta y Celeste.
- Verde manzana, verde.
- Naranja claro.

EL PASO A PASO:

1. CENTRO
- Comenzar a puntear el centro con micro fibra rosa, disminuyendo la cantidad de puntos hacia afuera y más espeso en el interior

2. ZONA ALREDEDOR DE LA FLOR CENTRAL
- Continuar punteando la zona alrededor de la flor central con la microfibra verde manzana y con verde

- En los picos hacer puntos con microfibra naranja claro y a los costados nuevamente con verde manzana

3. LOS PICOS QUE RODEAN LA ZONA CENTRAL

- Continuar punteando los picos que rodear la zona central con la microfibra magenta claro superponiendo los puntos cerca del borde interno y algunos puntos más sueltos hacia las puntas

4. 1º Y 2ª RONDA DE PETALOS

- Puntear los pétalos de ambas rondas con color rosa

- EN LA 1ª RONDA puntear solo los bordes de los pétalos.
- EN LA 2ª RONDA, puntear menos cantidad a medida que de avanza hacia el centro. Superponer cerca del borde de las puntas algunos puntos de color magenta claro para un efecto de sombra

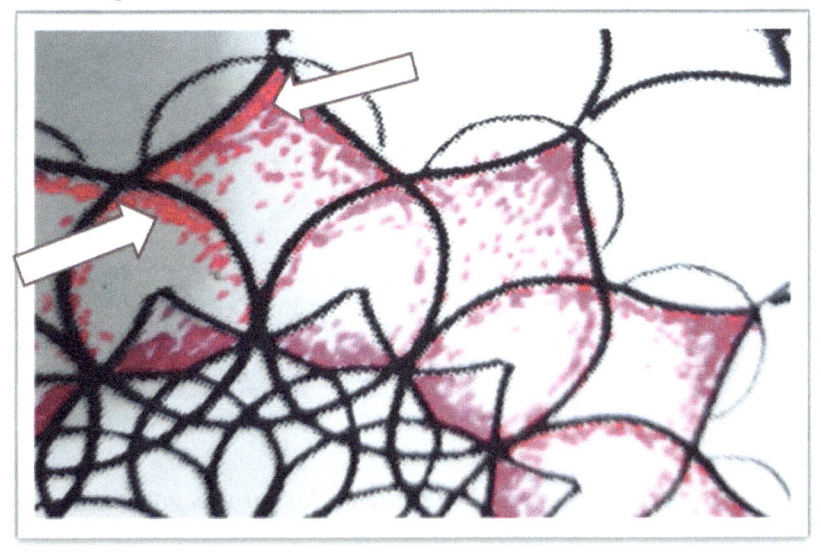

5. COMPLETAR 1ª RONDA DE PÉTALOS

- Completar el punteado con amarillo fluorescente en el interior de los mismos bordeando los picos.

El detalle del amarillo

6. ÁREA ALREDEDOR DE LA 2º RONDA (pétalos rosas)

- Con microfibra verde manzana completar los pequeños pétalos que se encuentran alrededor de los pétalos rosas, dejando más libre de puntos cerca de las puntas de los pétalos rosas.

Podemos observar el detalle de los puntos verdes

7. 3ª RONDA DE PETALOS

- Con naranja claro colocar puntos alrededor del pétalo.
- Esfumar hacia afuera

8. ÁREA ALREDEDOR DE LOS PÉTALOS NARANJAS

- Con microfibra verde oscuro bordear todo alrededor de la forma circular externa a los pétalos naranjas. Luego superponer puntos con verde manzana.

- Los pétalos del otro lado, puntearlos con verde manzana, esfumando hacia afuera

Aquí observamos en detalle esta parte

9. PÉTALOS GRANDES - 1ª PARTE:

- De adentro hacia afuera, comenzar a puntear con microfibra magenta, más hacia los bordes internos.

- Continuar con la 2ª parte del pétalo punteando con rosa esfumando desde los bordes externos hacia arriba y adentro.

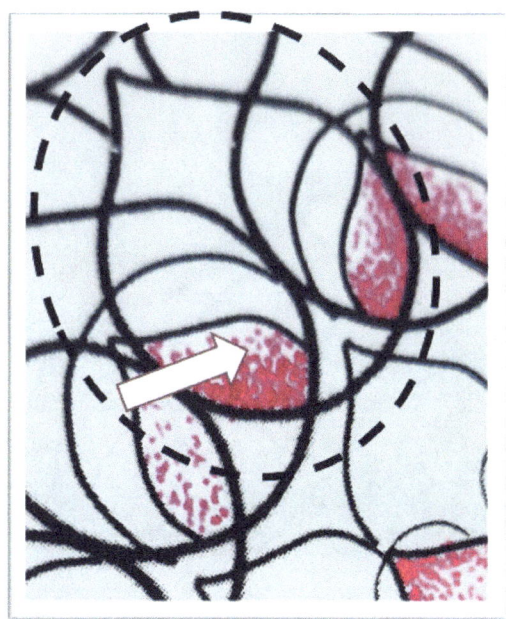

9. PÉTALOS GRANDES - 2ª PARTE:

- Puntear el contorno de la punta del pétalo grande con rosa, esfumando hacia adentro.

9. PÉTALOS GRANDES - 3ª PARTE:

- Con color naranja claro puntear el espacio entre las partes rosadas, colocando más puntos en los bordes externos.

10. ULTIMA RONDA DE PÉTALOS
A) PARTE INTERNA DE CADA PETALO
- Puntear con microfibra celeste esfumando desde el borde interno hacia afuera el pétalo

B) PICO DE CADA PETALO
- Para finalizar el punteado de los petalos grandes, en la parte del pico del pétalo colocar puntos rosa alrededor del contorno y esfumar hacia adentro

11. ESPACIO ENTRE PETALOS CELESTES

- Colocar puntos verde manzana en los espacios entre los pétalos.
- Poner más cantidad de puntos cerca del pétalo rosa

Detalle final de pétalos punteados

12. ÚLTIMA HILERA

- Con microfibra rosa puntear los medios círculos de la última hilera. Colocar más puntos alrededor de las líneas.

13. TERMINACIÓN

- Con microfibra magenta completar el mandala esfumando desde adentro hacia afuera

Aquí podemos observar el resultado final.

PATRÓN MANDALA PRIMAVERAL

MANDALA DE CORAZONES

MATERIALES

Para este diseño utilizaremos Marcadores o Microfibras de color:

- Amarillo, naranja claro y oscuro.
- Rojo, rosa pastel y fucsia.
- verde, verde oscuro, verde manzana.

También utilizaremos Biromes de color: Fucsia y verde oscuro.

EL PASO A PASO:

1. ESTRELLA CENTRAL

- Comenzaremos por la estrella central: Se utilizarán 2 marcadores microfibras de color amarillo y naranja claro
- Puntear la estrella central con micro fibra amarilla

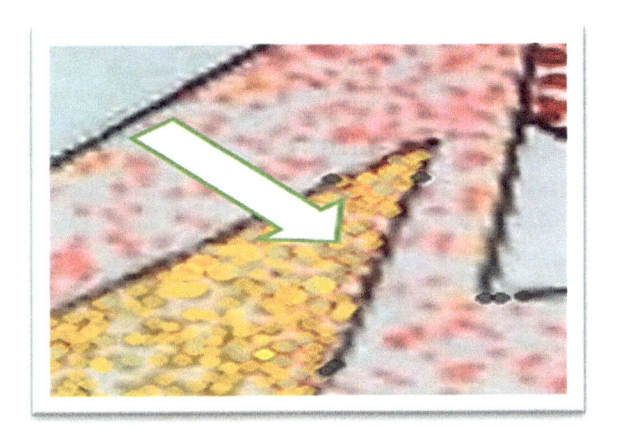

- Superponer sobre los puntos amarillos, el color naranja sólo en los bordes y puntas

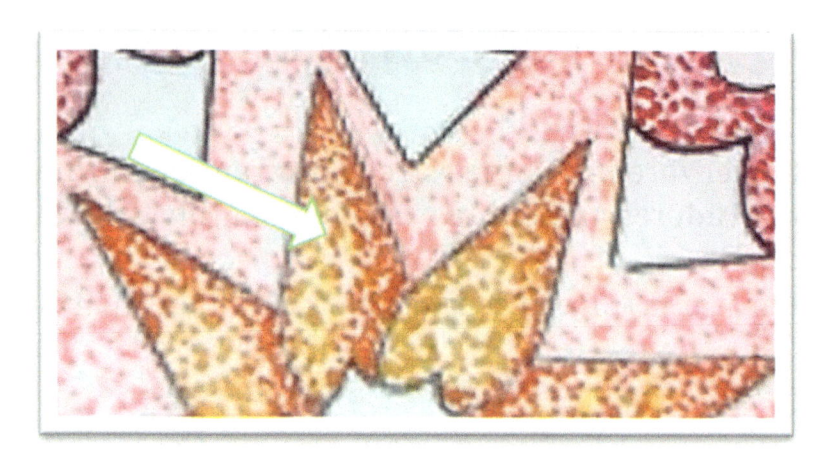

- Repasar el borde con un rotulador micro fibra naranja más oscura.

Detalle de los pétalos de la estrella central

2. PÉTALOS ROSA

Para realizar la estrella rosa se utilizará un rotulador o marcador color rosa pastel.

- Puntear toda el área, más juntos en las puntas y más distanciados en la zona intermedia.
- En las puntas y con el mismo color superponer más puntos.

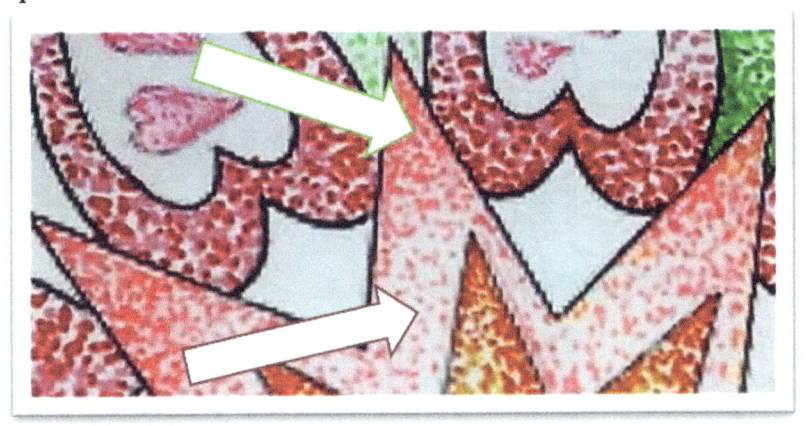

Estrella central completa

3. CORAZONES GRANDES

Para puntear los corazones, utilizaremos microfibras rojas, fucsias y marcador rosa claro:
- En la parte más cercana al centro fibra con color rojo
- En las puntas con micro fibra fucsia
- La zona intermediase puntea con color rosa claro

4.SECTOR VERDE
- Se comenzará a colocar puntos sueltos con marcador micro punta color verde manzana en toda el área.

- Superponer más puntos con el marcador verde en las zonas cercanas a los bordes de los corazones.

5. ZONA INTERIOR DE LOS CORAZONES

- Con microfibra fucsia el interior de los pequeños corazones

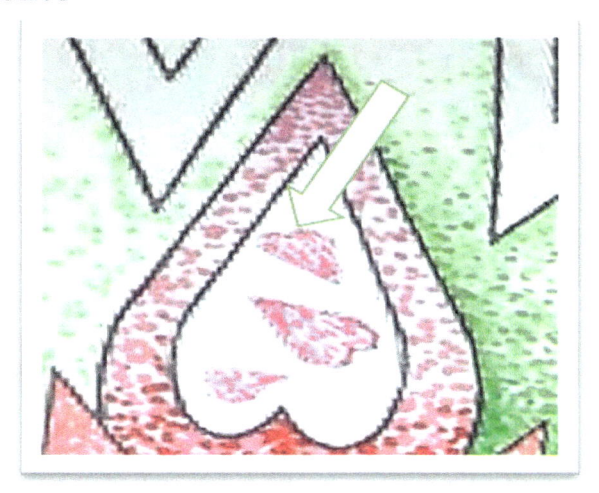

- Completar punteando con microfibra amarilla toda la zona interior hasta cubrirla totalmente.

6. PÉTALOS NARANJA

- Se utilizará microfibras naranja y rojo:

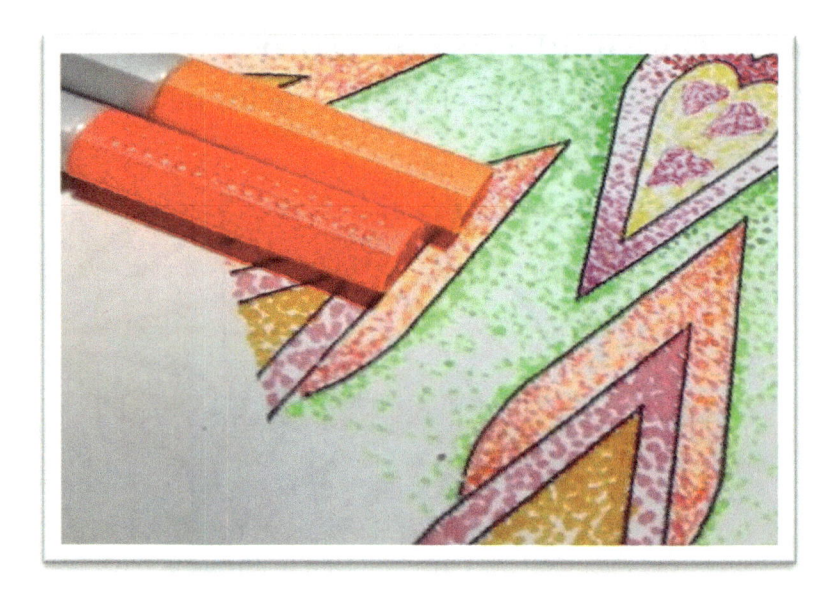

- Puntear toda la zona con la microfibra naranja hasta cubrirla totalmente, tratando de superponerlos lo menos posible.

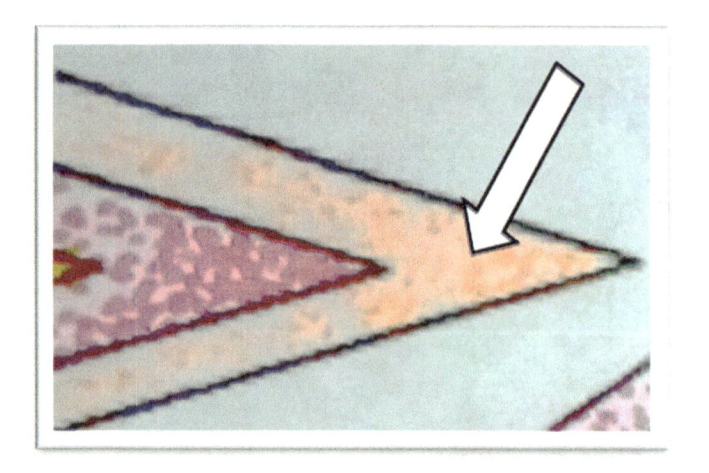

- Con la microfibra roja puntear las puntas

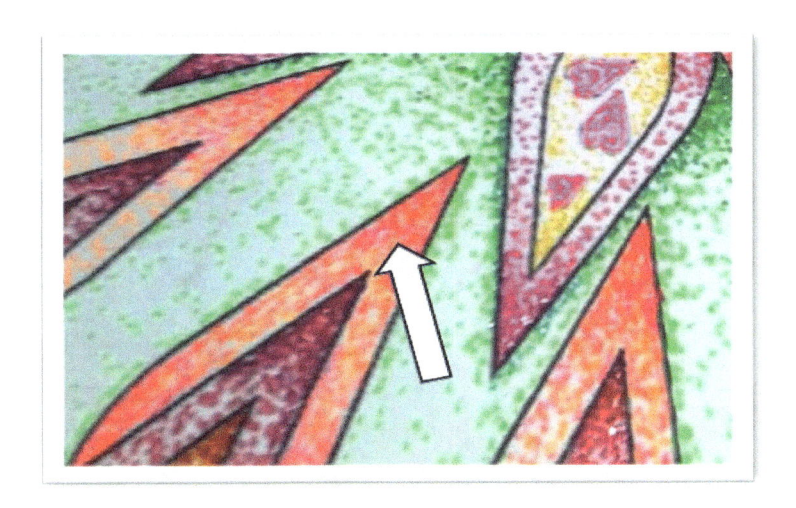

7. TERMINACIONES

- El pétalo interior siguiente puntearlo con marcador rosa. En las puntas colocar más cantidad de puntos superponiéndolos.

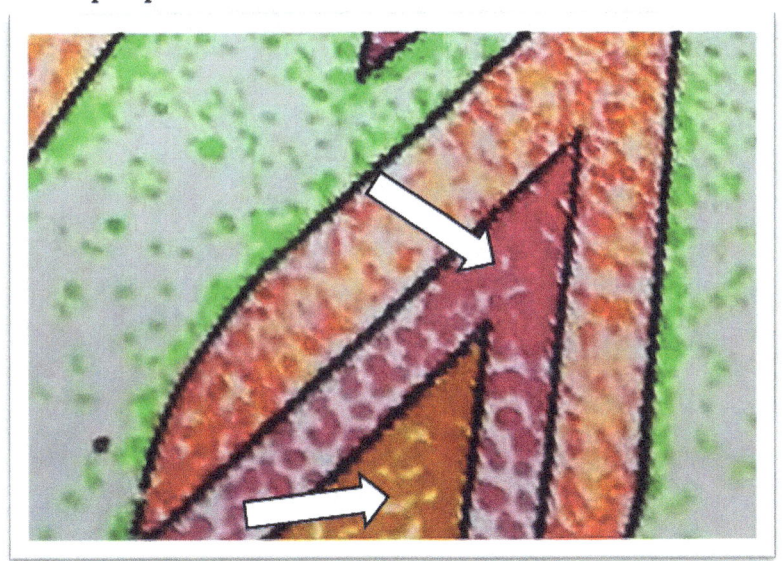

- La zona interior puntearla con marcador o micro fibra color amarillo. Agregar mayor número de puntos amarillos en las puntas y en los bordes.

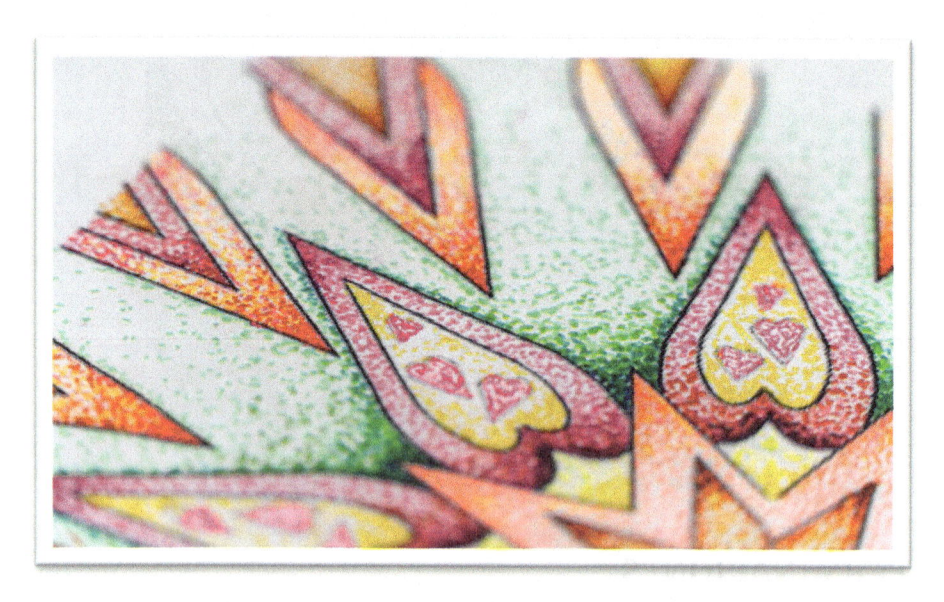

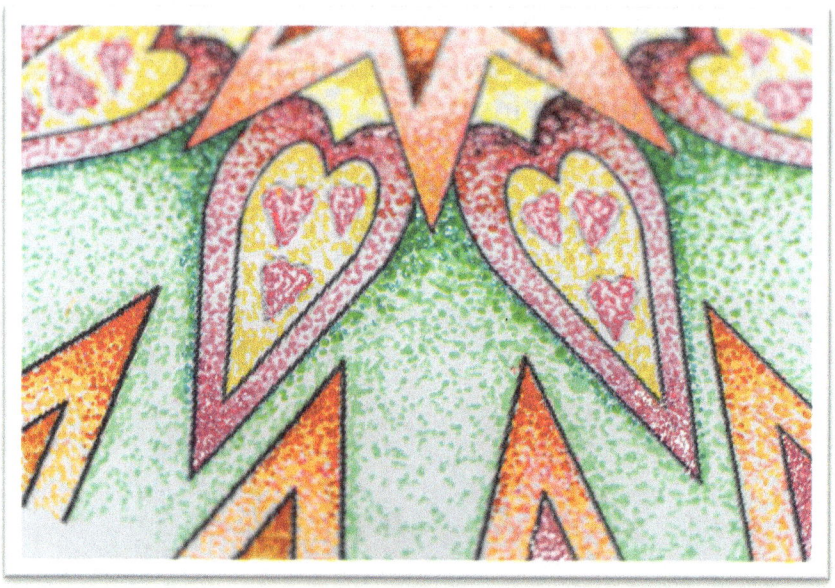

Detalle final del área

PATRÓN MANDALA DE CORAZONES

MANDALA "EL ÁRBOL DE LA VIDA"

MATERIALES

Para este diseño utilizaremos Microfibras de color:

- Amarillo claro.
- Verde manzana, verde, verde oscuro.
- Celeste, celeste claro, y azul.

Además, utilizaremos Biromes de color: Violeta claro.

EL PASO A PASO:

1. FOLLAJE
- Puntear con micro fibra amarillo claro toda el área del follaje cercana a las ramas, superponiendo los puntos

- Continuar punteando por encima con marcador verde claro o verde manzana.

- Por último, con marcador verde oscuro colocar algunos puntos distanciados sobre lo realizado anteriormente

- Aquí podemos observar el follaje de forma completa

2. RAÍCES

- Con microfibra amarilla claro puntear áreas entre las raíces, armando formas y dejando algunos espacios sin puntear.

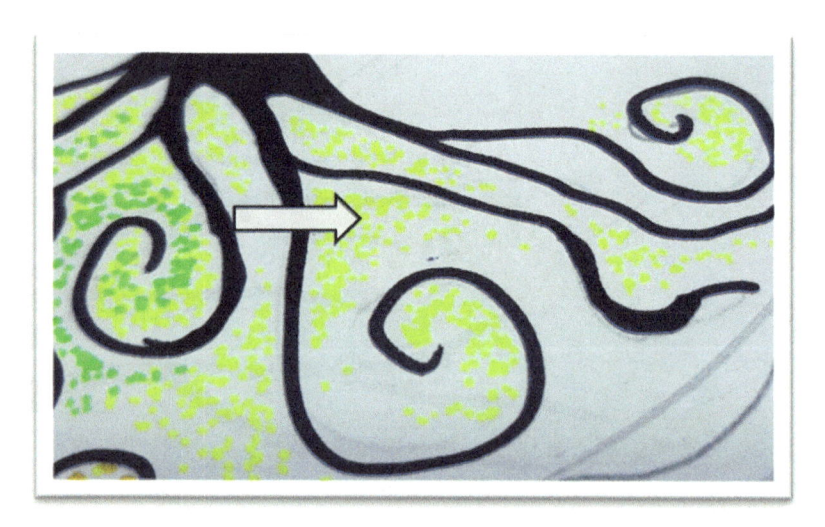

- Rellenar los espacios dejados anteriormente, punteando con microfibra verde manzana.

- Superponer puntos realizados con micro fibra verde oscuro en alguna zona punteadas con verde manzana

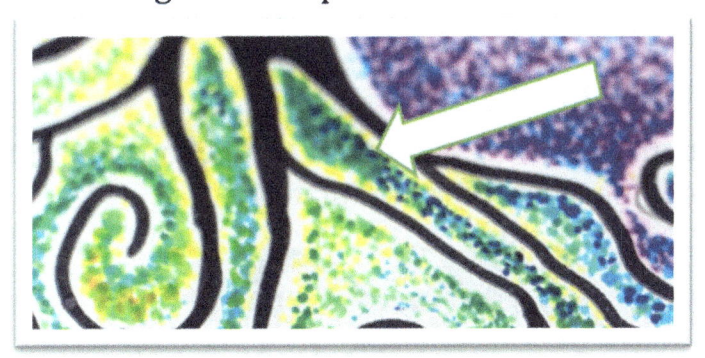

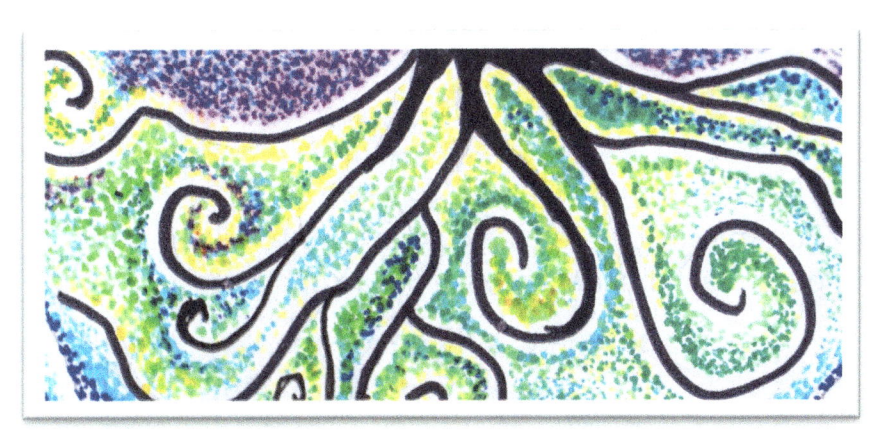

- Observar la superposición de puntos con micro fibra verde oscuro en los espacios entre raíces punteados con verde manzana podemos.

Detalle del punteado de las raíces

3. BORDE SUPERIOR

- Con microfibra azul puntear todo el borde de la circunferencia (línea ondulada).

- Con microfibra celeste colocar puntos de manera paralela al borde azul, sobre la zona interna.

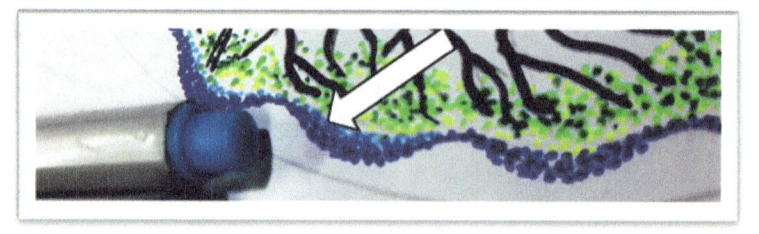

- Integrar el follaje bordeándolo con el marcador micro fibra verde.

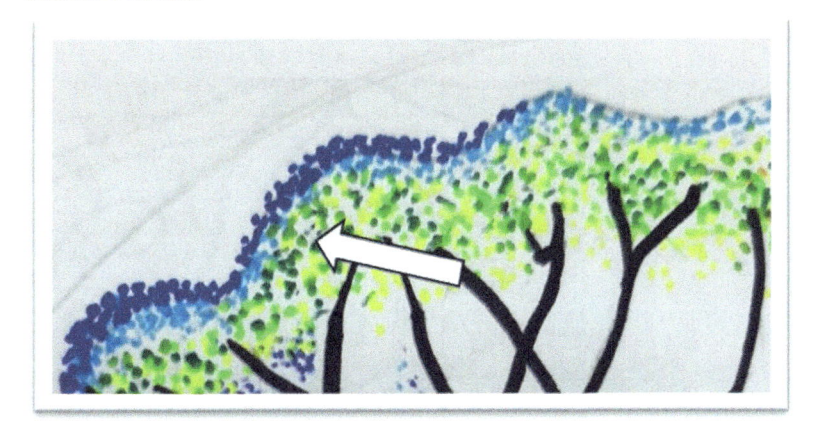

Detalle del borde superior

4. BORDE INFERIOR (RAICES)
- Se realiza de la misma manera que el borde superior: Con marcador azul puntear todo el borde de la circunferencia (línea ondulada).

- Con microfibra celeste colocar puntos de manera paralela al borde azul, sobre la zona interna.

- Fusionar con el verde de la zona de las raíces superponiendo algunos puntos celestes y celestes claro.

Detalle de la integración del borde con las raices

5. CIELO

- Puntear con birome violeta el espacio entre las ramas y alrededor de la luna, dejando un espacio de 1 mm aproximadamente de distancia entre el punteo y la formas

- Continuar punteando las áreas entre las ramas con micro fibra celeste

- Para completar el punteo del cielo colocar puntos realizados con la microfibra celeste y el birome violeta, superponiéndolos en algunos sectores.

- Bordear el follaje y las raíces con microfibra celeste continuando por la zona intermedia más externa., Dejar un espacio alrededor del árbol, de aprox. 1mm

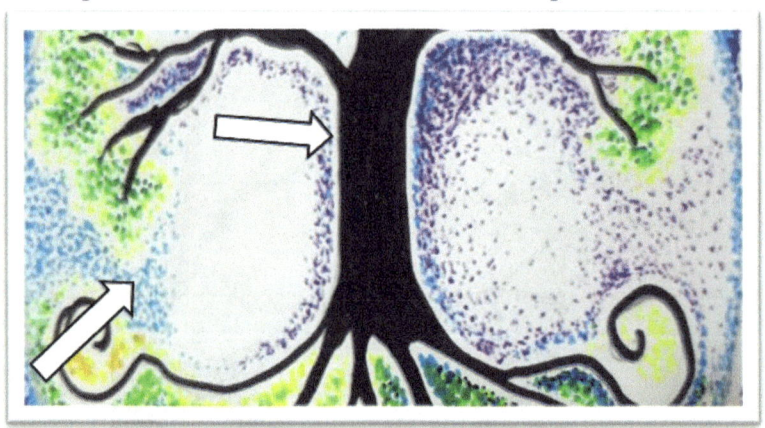

- Con marcador microfibra celeste superponer puntos sobre los puntos violetas.

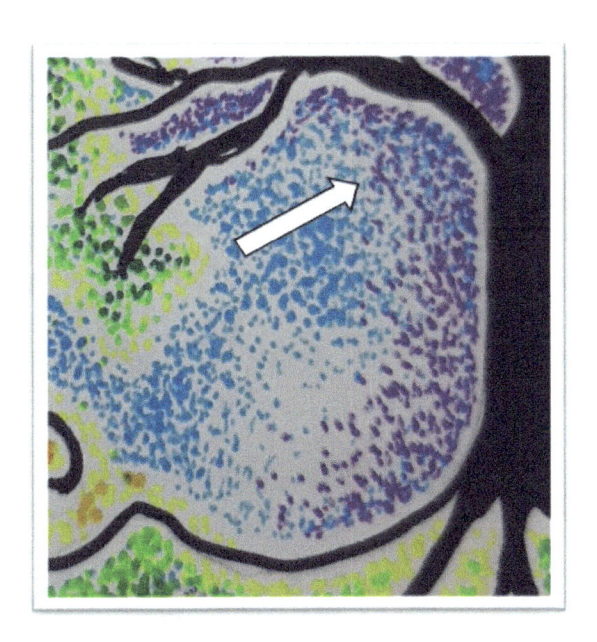

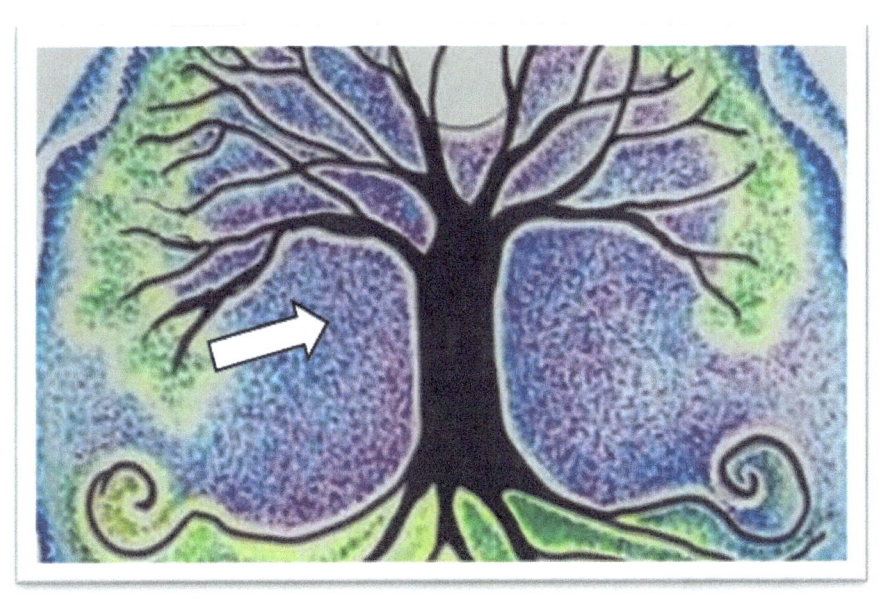

6. BORDE EXTERNO

- Para realizar el borde más externo, puntear la forma curva con microfibra celeste.
- Rellenar los espacios triangulares con la misma fibra.

- Superponer micro fibra azul sobre el borde más exterior.

- Esfumar el color azul del borde, punteando puntos más distanciados.

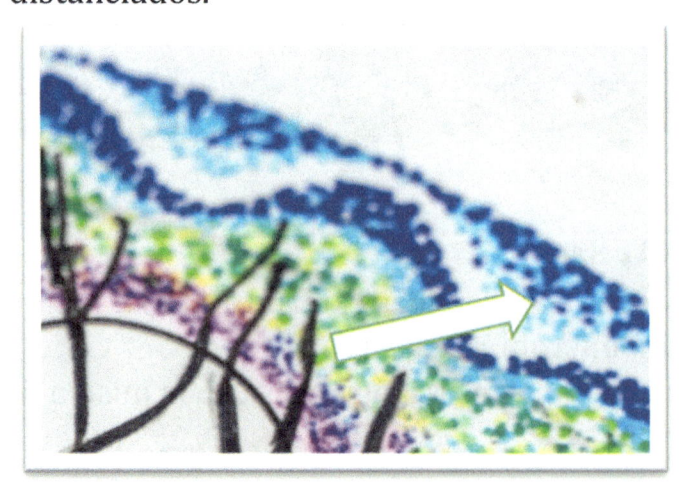

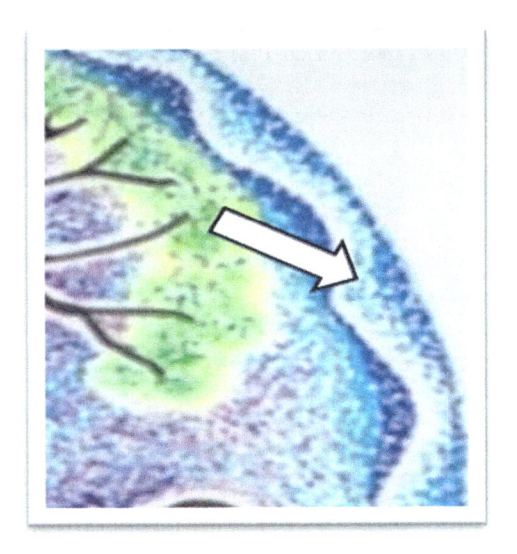

- Aquí podemos observar el borde completo

PATRÓN MANDALA EL ÁRBOL DE LA VIDA

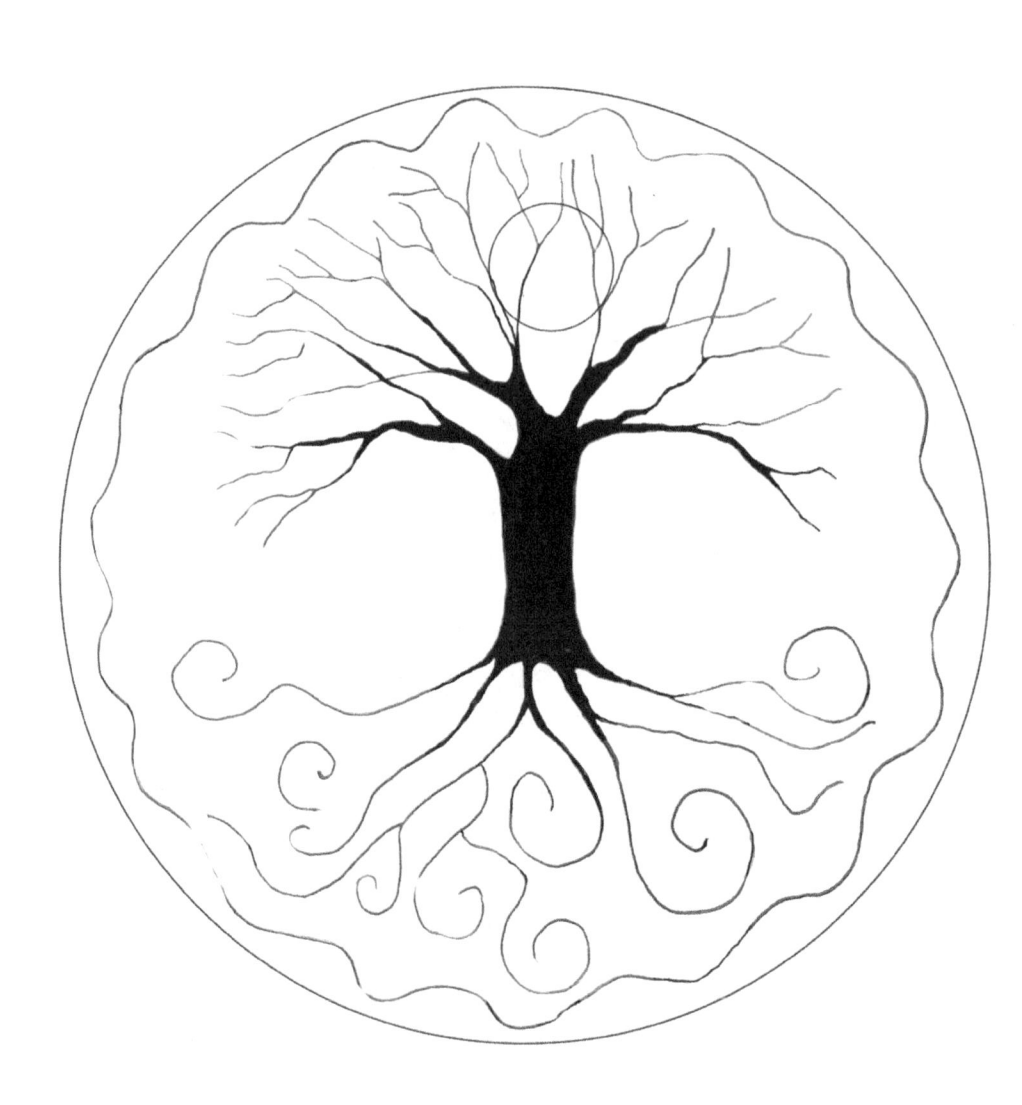

MANDALA DE MARIPOSAS

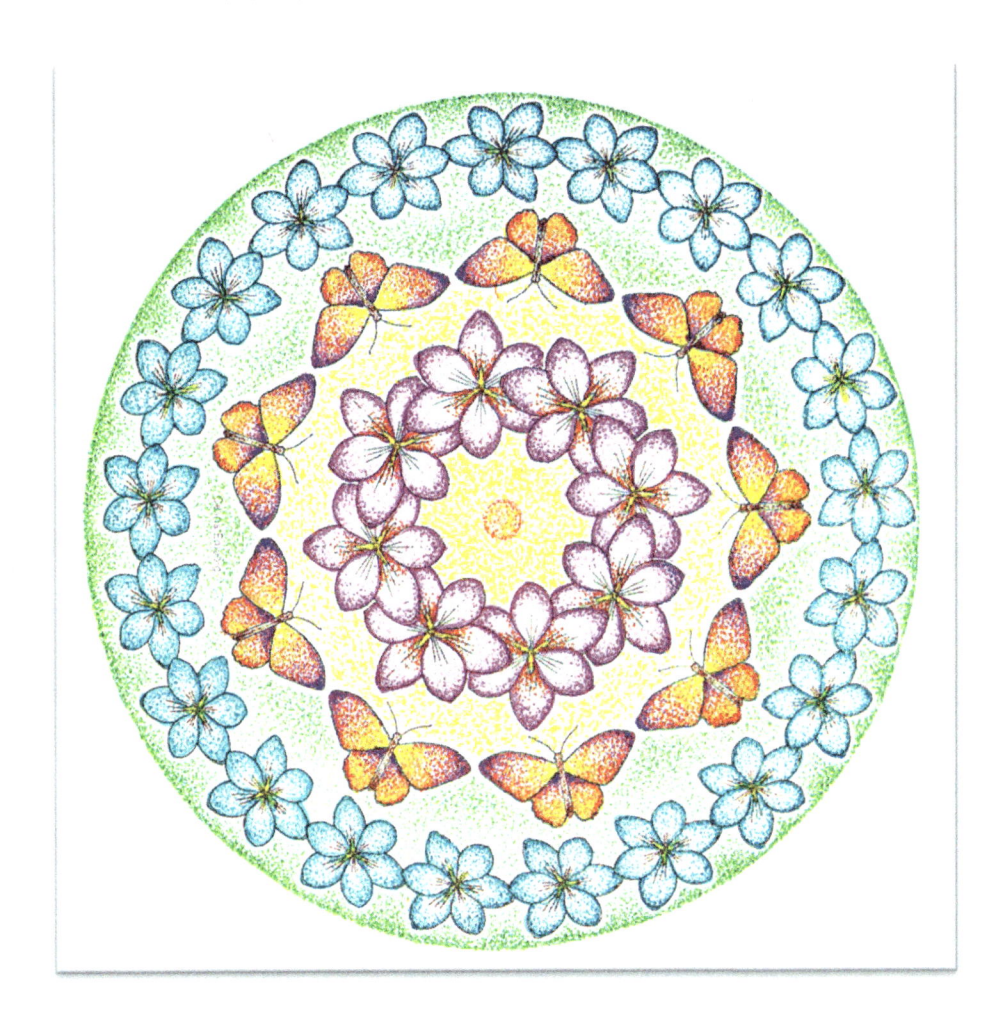

MATERIALES

Para este diseño utilizaremos Microfibras de color:

- Amarillo claro y oscuro o naranja.
- Rosa, Fucsia, purpura o magenta.
- Violeta, Celeste y turquesa.
- Verde manzana, verde.

EL PASO A PASO:

1. CENTRO
- Comenzar a puntear con micro fibra amarillo claro.
- El círculo central bordearlo con microfibra naranja o rojo claro.

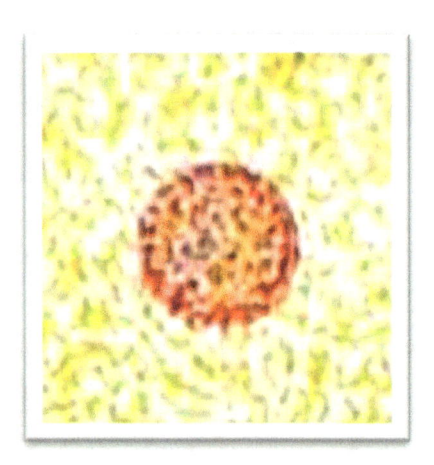

- Continuar con algunos puntos naranja en la zona central del circulo
- Con amarillo puntear con pocos puntos toda el área alrededor del círculo central

2. FLORES FUCSIAS CENTRALES

- Con amarillo pintear la zona central interna.
- Puntear alrededor del centro de la flor con rosa de manera cerrada y superponer algunos puntos amarillos para crear un tono naranja /rosado.

- Colocar puntos rosados en los pétalos de forma "suelta".
- Continuar punteando con color magenta los bordes de los pétalos de las flores y superponer puntos sobre todo en las puntas.

En esta imagen se observa el efecto visual final

3. MARIPOSAS

- Puntear con amarillo determinados sectores de las alas

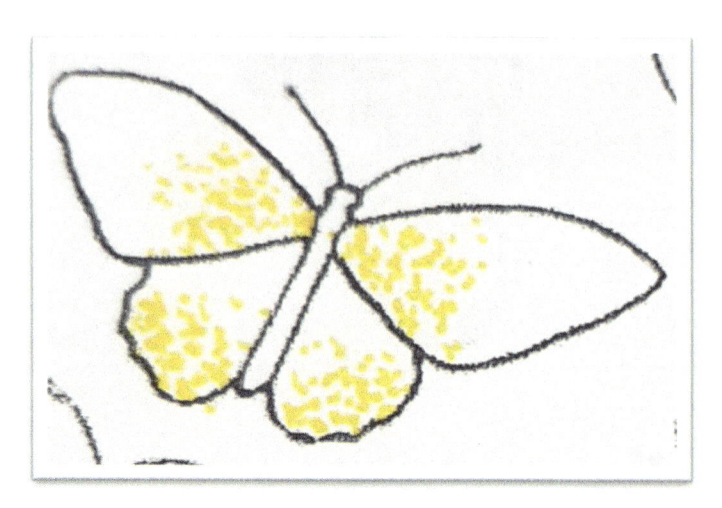

- Continuar con naranja, superponiendo algunos puntos sobre los amarillos creando un área de transición de color

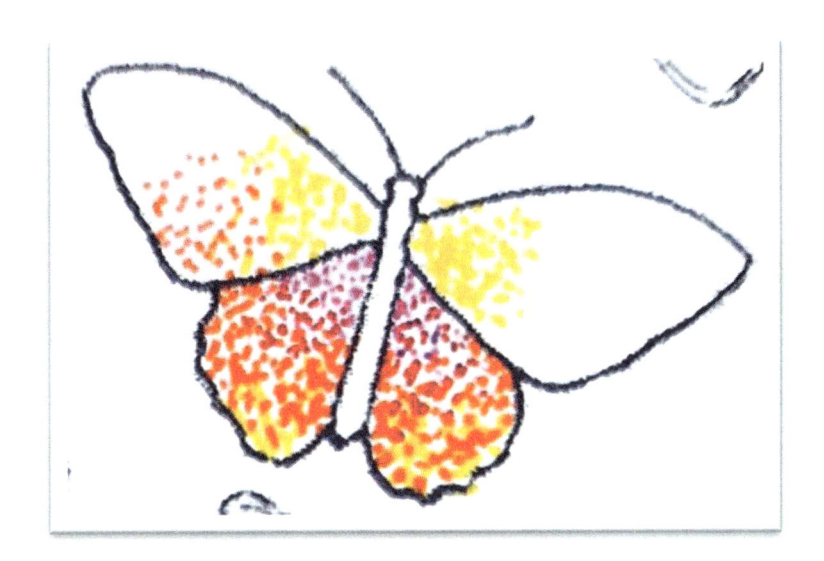

- Completar hacia el borde del pétalo superior con rosa. Y finalmente con fucsia o magenta
- Con marcador magenta oscuro o púrpura puntear las puntas de las alas, e disminuyendo la cantidad de puntos hacia los costados.

- Para finalizar, para generar más volumen, aplicamos el mismo color (magenta oscuro o purpura) punteando la zona ubicada debajo del ala superior, para dar volumen

- En esta imagen podemos notar la diferencia entre la mariposa de la izquierda, donde aún no se punteo con el color más oscuro con la mariposa de la derecha donde se generó el efecto de volumen

- Aquí podemos ver los tonos utilizados en las alas de las mariposas

Mariposa terminada

4. FLORES AZULES

- Con marcador amarillo colorear el centro y puntear con celeste claro alrededor de este
- La zona media debe casi no puntear y continuar hacia las punta y laterales.

- Para finalizar, bordear punteando con el color turquesa

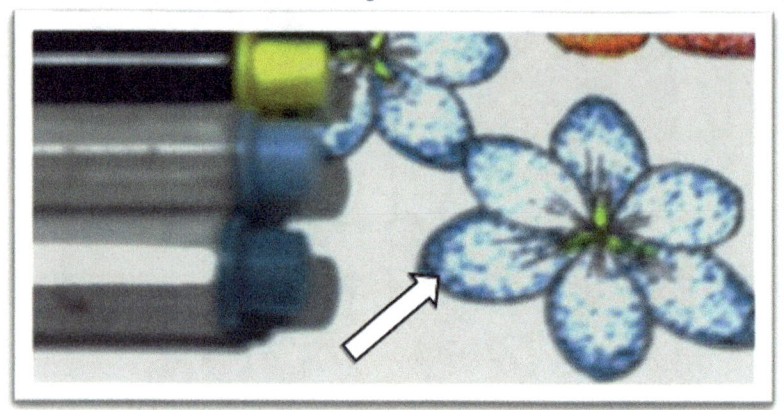

5. FONDO PUNTEADO ALREDEDOR DEL BORDE FINAL

- Para finalizar, con microfibra verde coloca muchos puntos en el borde del mándala e ir disminuyendo la cantidad hacia el adentro.
- Dejar espacio libre de aprox.1 mm alrededor de la flor

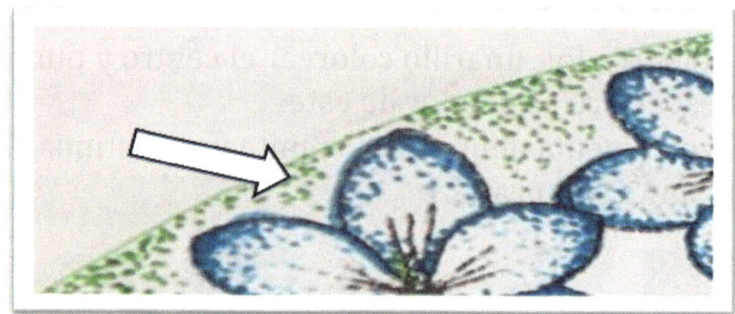

6. PUNTEADO DE LA PENÚLTIMA CAPA

- Con color verde, continuar punteando, con poca cantidad cerca de las flores azules e ir aumentando gradualmente la cantidad de puntos cerca de las mariposas, superponiendo puntos, más cerca de las mariposas
- Dejar alrededor de las formas un espacio en blanco de aprox. de 1 milímetro

- Completar punteando con color verde el espacio entre las flores rosas y las mariposas, con amarillo dejando un borde sin puntos alrededor de las mariposas.

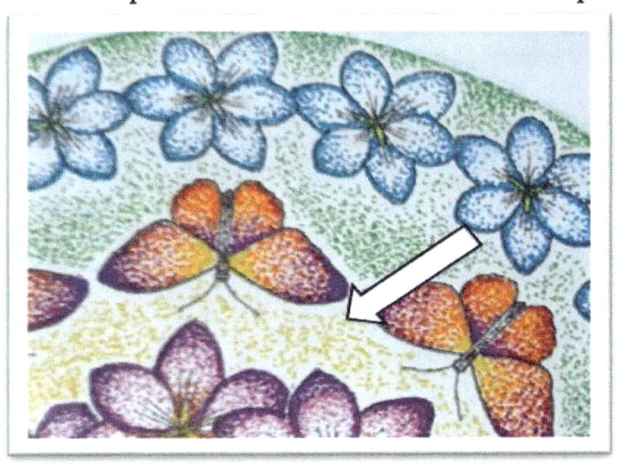

Aquí podemos ver el esfumado del amarillo hacia las mariposas y hacia las flores, siendo más tupido en la zona intermedia.

El hermoso detalle del punteado de las flores

PATRÓN MANDALA MARIPOSAS

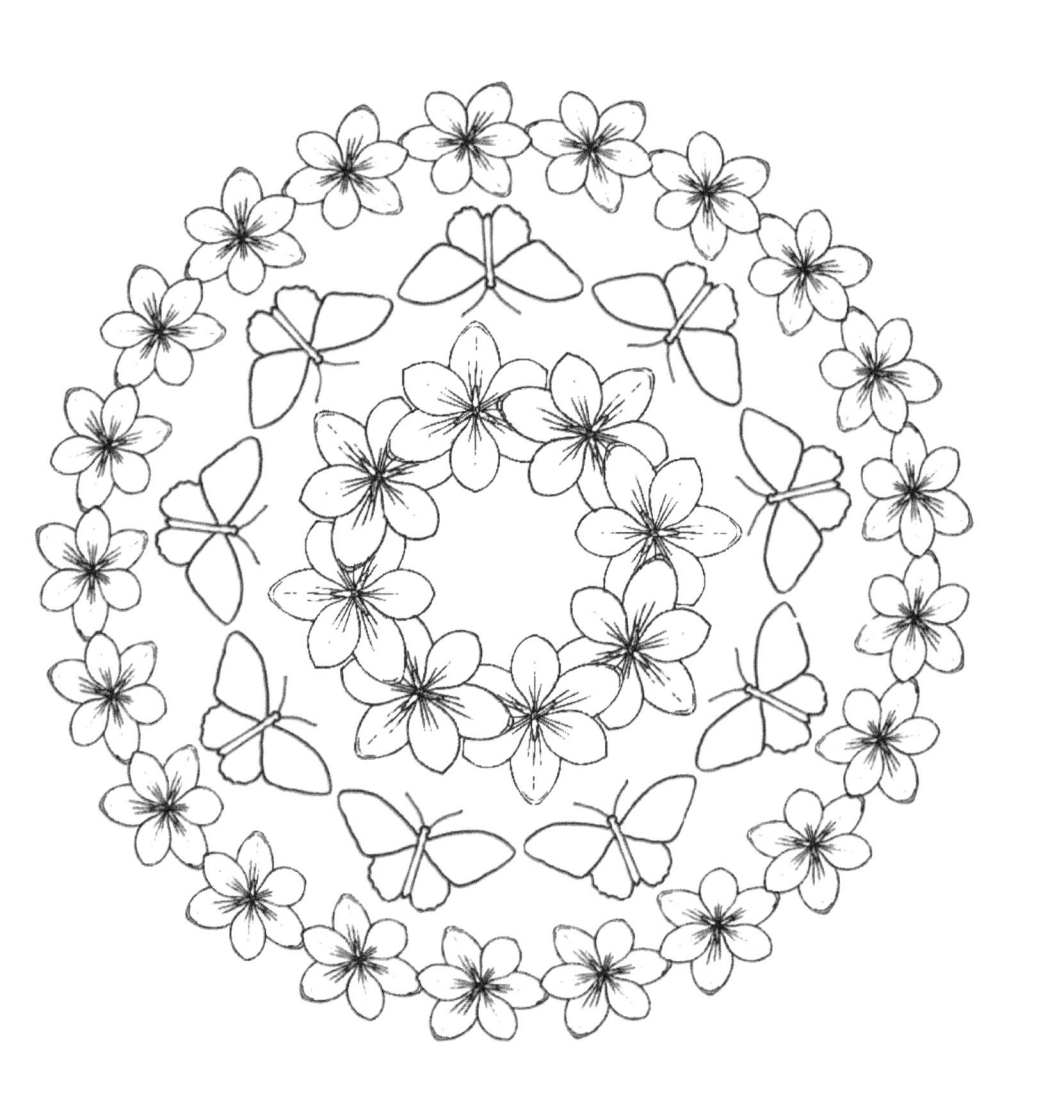

MANDALA UNIVERSO

MATERIALES

Para este diseño utilizaremos Microfibras de color:

- Amarillo claro.
- Purpura o magenta.
- Rosa y Azul.
- Verde manzana, verde.

EL PASO A PASO:

1. CENTRO

- Pintar el centro con microfibra amarilla

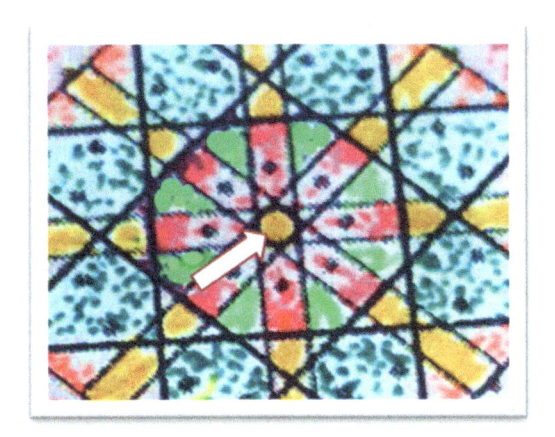

- Comenzar a puntear con microfibra rosa la cruz de 8 rayos colocando más puntos en los extremos externos.

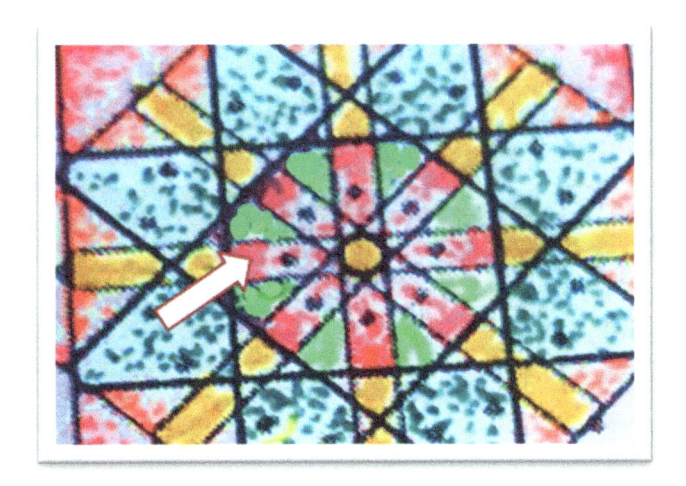

- En las prolongaciones continuar punteando con amarillo claro.

- En los espacios triangulares que se forman puntear con color verde manzana.

- Continuar con las formas triangulares siguientes, con verde y algunos puntos verdes oscuro para armar tonalidades.

- Como se puede observar en la imagen, se colocaron pocos puntos y más aglutinados hacia el centro

2. FORMAS CUADRADAS

- Puntear cada punta triangular de los cuadrados con color rosa, siguiendo el borde y más sueltas hacia adentro

3. FORMA ESTRELLADA

- Puntear con microfibra amarilla todo alrededor de la forma estrellada
- Esfumar hacia adentro

Estrella Amarilla

4. 1º RUEDA DE RAYOS TRIANGULARES (DE ADENTRO HACIA AFUERA)

- Con color rosa puntear los rayos que salen entre la forma estrellada.

- Puntear de manera más tupida en las puntas, colocando menos cantidad hacia el centro.

Detalle de la estrella rosa

5. ESPACIO ENTRE LOS RAYOS ROSADOS

- Con color amarillo completar las formas pequeñas más internas con verde manzana las partes que están a los costados.

No olvidarse de completar las uniones con amarillo

6. 2º RUEDA DE RAYOS TRIANGULARES

- Continuar punteando con magenta /purpura la segunda ronda de rayos triangulares.

- Colocar más puntos y superpuestos en la zona más cerca de centro.

Agrupar el color violeta más hacia el interior

7. 3º RUEDA DE RAYOS TRIANGULARES

- Por último, puntear con celeste /turquesa la tercera y última ronda de rayos triangulares.
- Partir de adentro esfumando hacia afuera.

8. CÍRCUNFERENCIA CON FORMA ESTRELLADA

- Puntear toda la circunferencia con color rosado esfumando desde el borde externo hacia adentro.

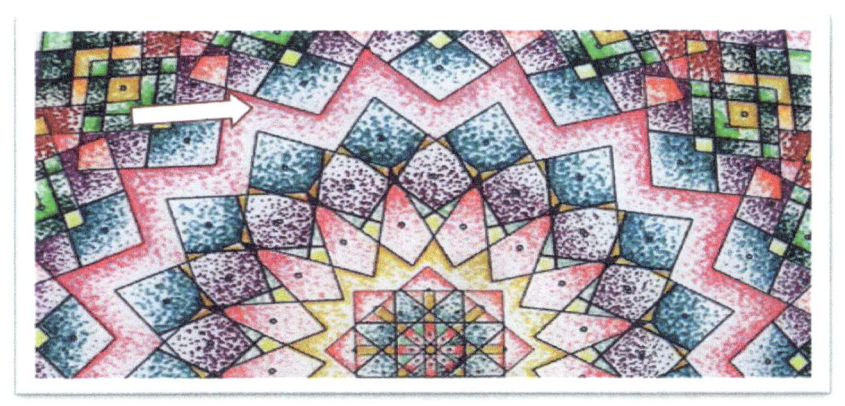

Hay más cantidad y superposición de puntos rosa alrededor del borde externo y casi ningún punto en la zona del borde más interno.

9. RAYOS TRIANGULARES EXTERNOS

- Continuar punteando con celeste los rayos triangulares de alrededor y pintar con amarillo el rombo pequeño de las puntas

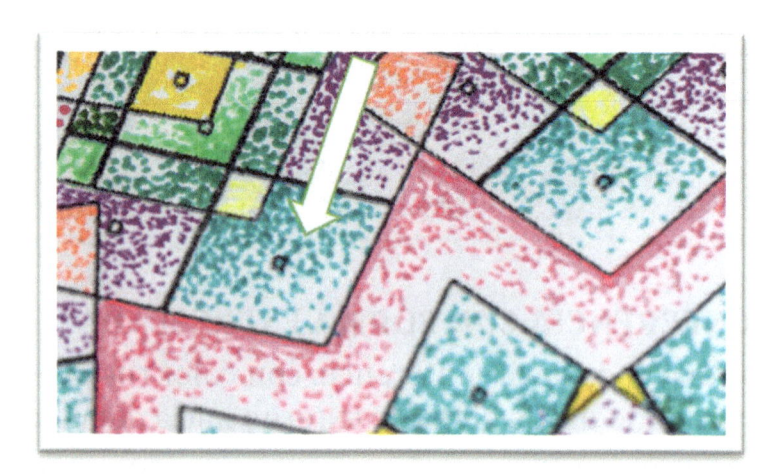

- A continuación, puntear con magenta /purpura los triángulos que se encuentran entre los rayos triangulares celeste.

- Los rombos internos y las puntas se puntearon con microfibra rosa.

10. TERMINACIÓN

- Con celeste, verde manzana, verde, amarillo, naranja claro, rosa y purpura se completó el punteo del tramo final

Detalle de punta terminada

Aquí podemos observar el punteado de manera general

PATRÓN MANDALA UNIVERSO

MANDALA RADIANTE

MATERIALES

Para este diseño utilizaremos <u>Microfibras</u> de color:
- Amarillo claro y oscuro.
- Fucsia, Violeta, Rojo oscuro-
- Verde manzana, Celeste. Azul, Gris, Negro.

También utilizaremos <u>Biromes</u> de color: Violeta claro y Fucsia.

EL PASO A PASO:

1. Zona Central

- Puntear la circunferencia externa con marcador rosa, colocando puntos más distanciados hacia el interior.
- Superponer puntos sobre el borde rosa con marcador violeta para producir un efecto de sombra.

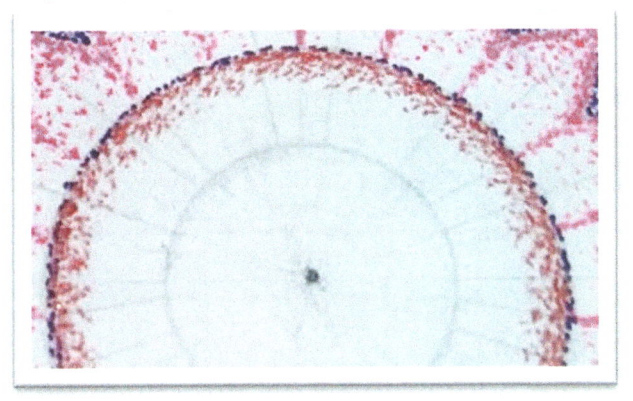

- Para finalizar esta parte, aplicar con micro fibra roja, puntos más juntos en la zona del borde.
- Hacia el centro colocar menos puntos y distanciados para producir una sensación de volumen.

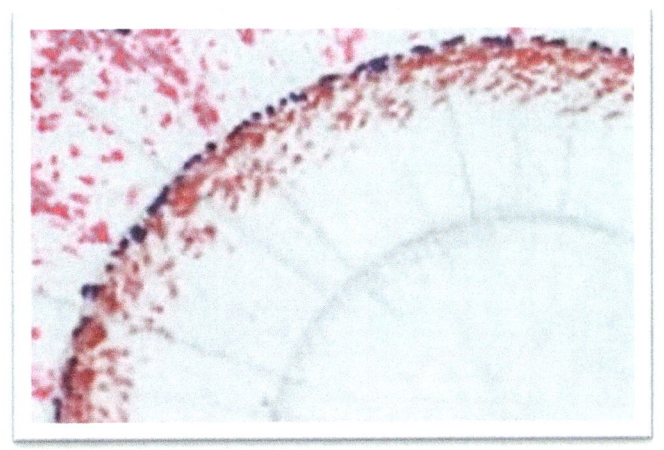

- Para completar el centro puntear la circunferencia interna con verde manzana hacia afuera. evitando que no se superponga con el fucsia

- Con microfibra celeste y sobre la misma circunferencia esfumar hacia adentro y junto a la línea colocar algunos puntos azules.

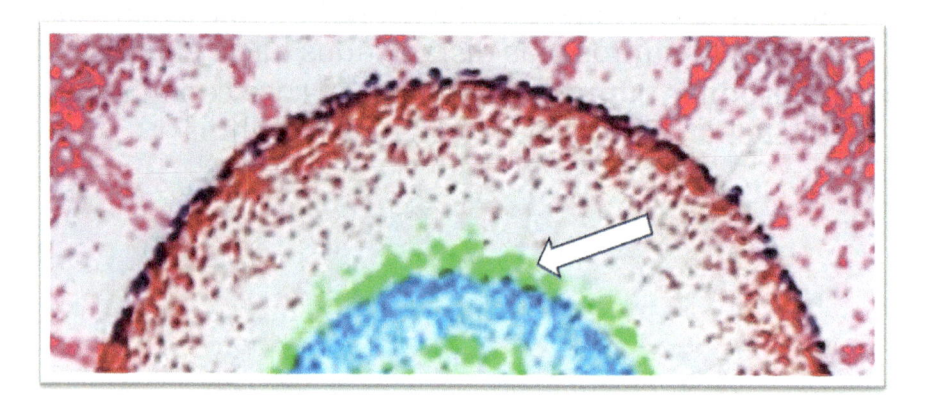

2. PÉTALOS ROSAS

- Puntear los bordes de los pétalos con birome fucsia.

- Con micro fibra fucsia completar el punteo agregando más puntos en todas puntas.

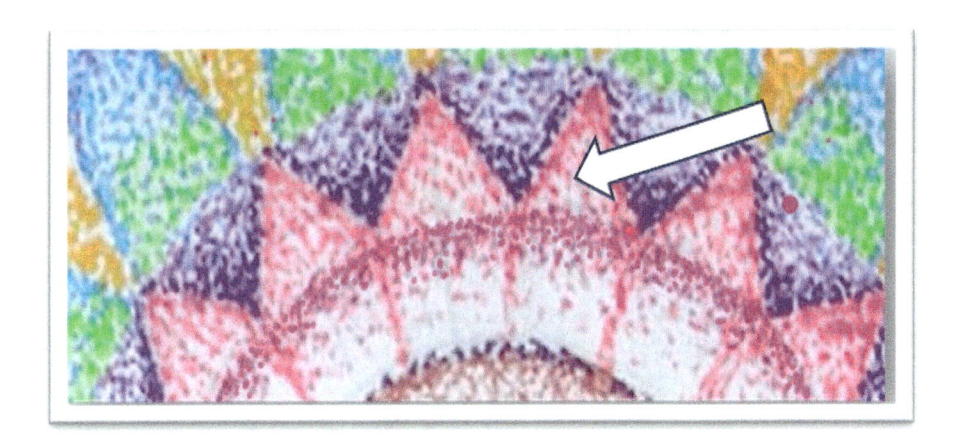

3. ZONA VIOLETA

- Para marcar el círculo que se encuentra entre los pétalos, puntear con birome violeta y colocar pequeños puntos en la zona cercana creando un efecto de sombra

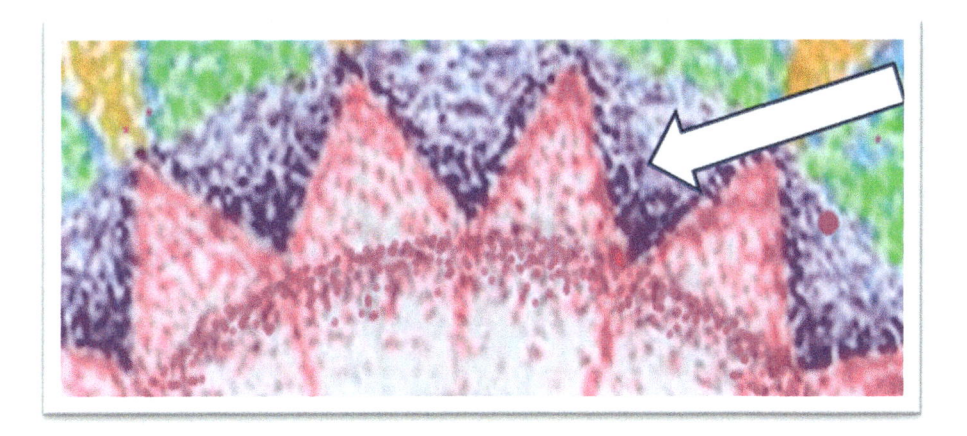

- Completar punteando con marcador violeta los bordes, y la zona interna para generar sombra.

4. PÉTALOS VERDE Y CELESTE

- Colocar puntos con micro fibra celeste alrededor y dentro de todo el pétalo.
- Superponer más puntos en el área de las puntas.

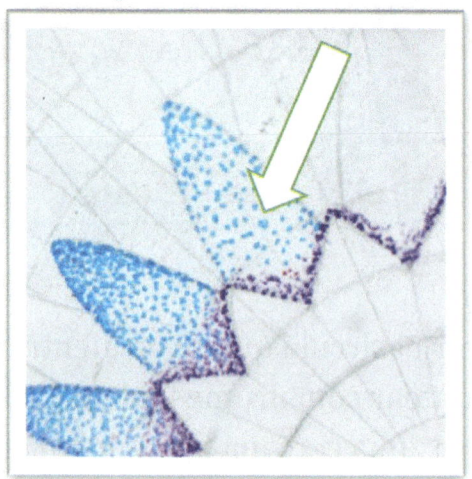

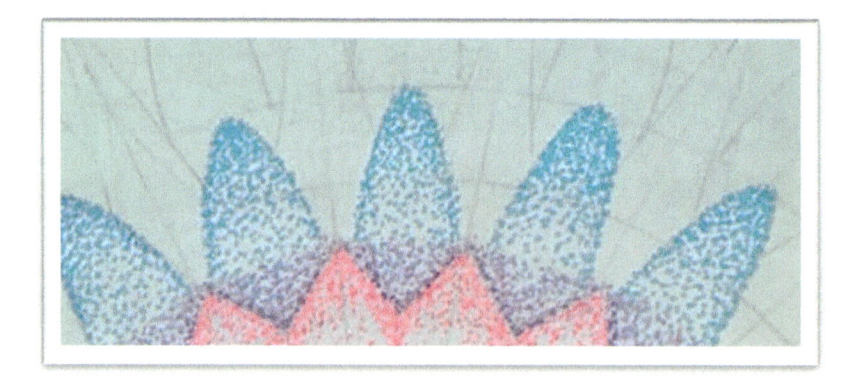

- Con microfibra azul puntear sobre el celeste en el pico del pétalo y un poco sobre los bordes.

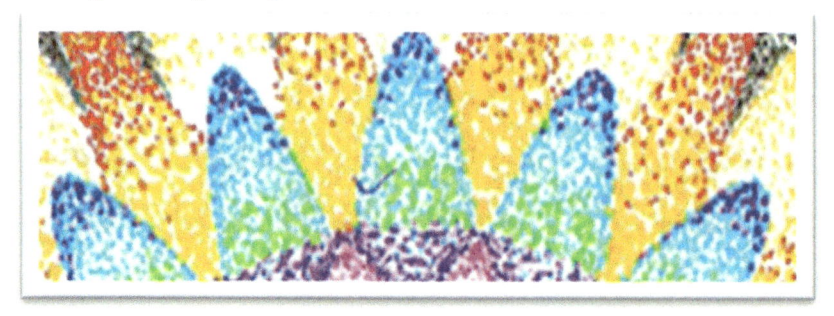

5. ZONA VERDE

- Puntear con verde manzana el espacio superior del sector violeta superponiéndolos con los puntos celestes.

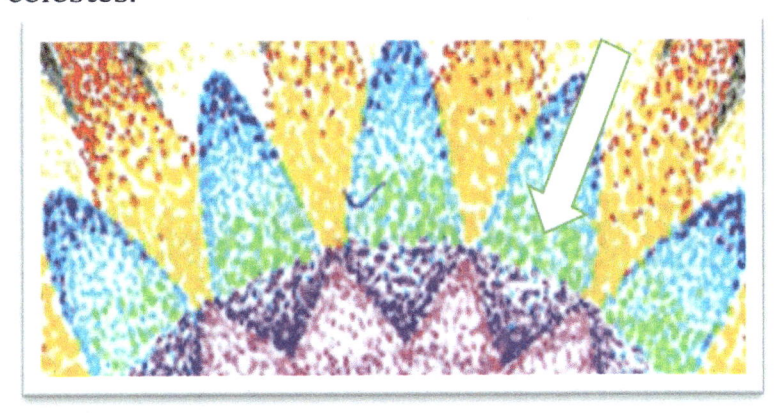

6. PUNTAS AMARILLAS

Comenzar a puntear con marcador amarillo el pétalo ubicado entre los pétalos celestes. Con puntos un poco más distanciados llegar a la parte media del mismo.

- Con microfibra color rojo oscuro puntear la punta superior superponiendo muchos puntos, e ir disminuir gradualmente la cantidad de puntos rojos a medida que se va acercando a la parte media.

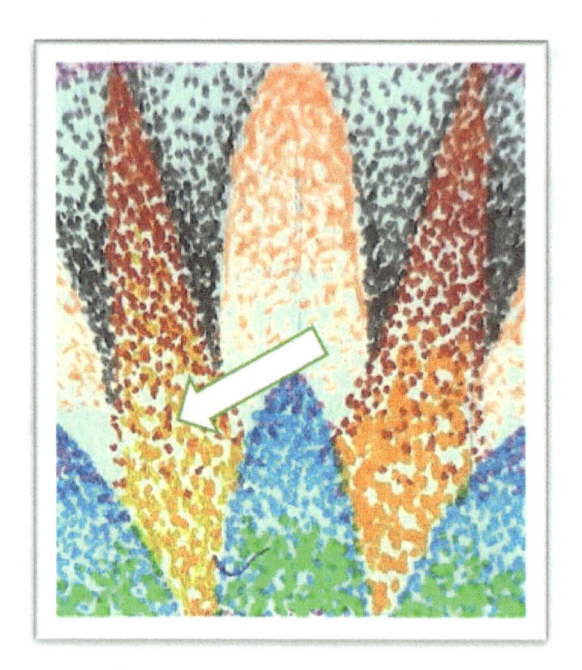

- Superponer algunos puntos rojo oscuro sobre el punteado amarillo de la zona media.

7. PÉTALOS NARANJAS
- Con micro fibra naranja colocar puntos sobre la punta del pétalo,
- A medida que se aleja de la punta, distanciar los puntos. Dejar un pequeño espacio sin puntos entre el punteado y el pétalo celeste.

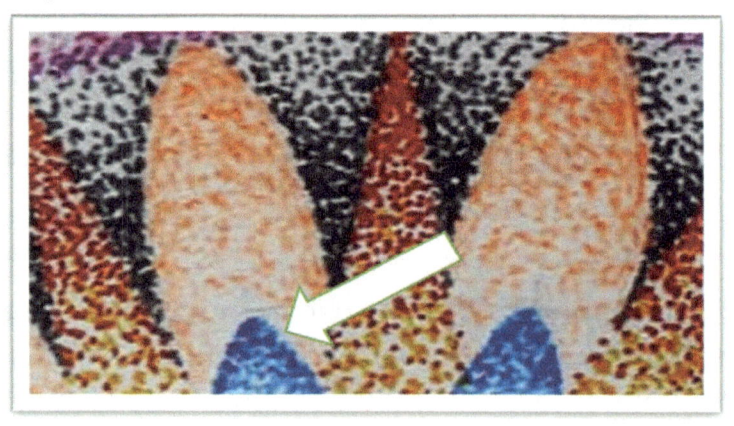

8. ZONA OSCURA

- Puntear el área entre pétalos con microfibra gris desde el centro hacia afuera, de manera más abundante y superponiendo puntos en el espacio interno inferior.
- A medida que los puntos se alejan del centro, colocar los puntos de manera más espaciada
- Por último, con marcador negro puntear suavemente sobre los puntos grises de la parte interna creando sombra.

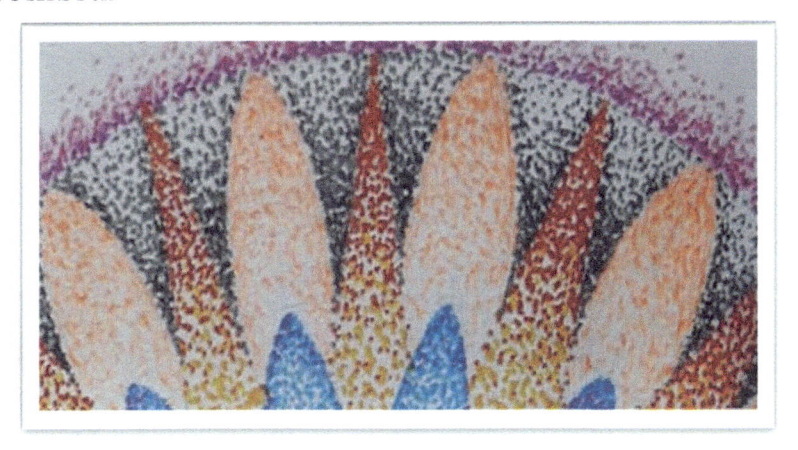

Observar el detalle del punteado esfumado en negro

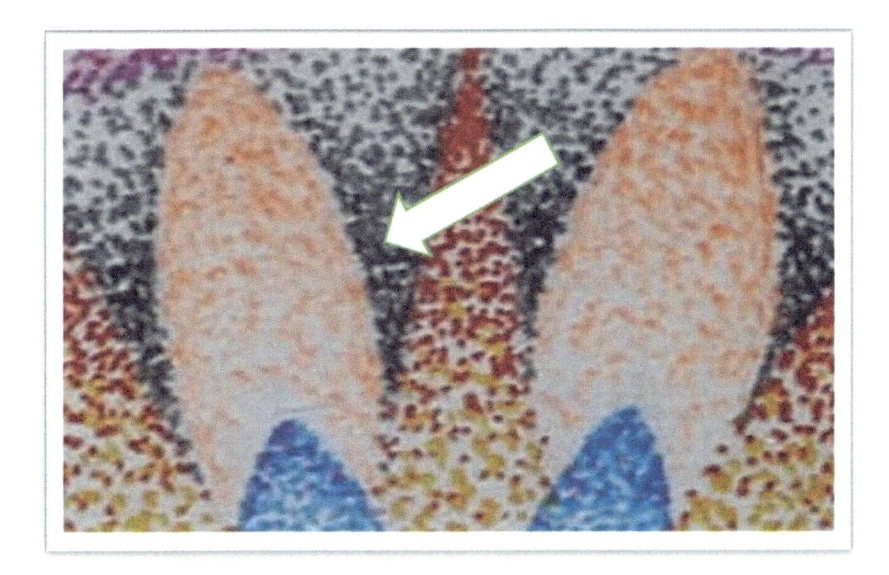

9. BORDE EXTERNO

- Puntear con micro fibra fucsia alrededor del círculo externo y el espacio cercano.
- Colocar puntos más sueltos en la zona más externa creando un efecto esfumado.
- Con birome violeta puntear colocando puntos distanciados cerca del borde para generar un efecto sombra.

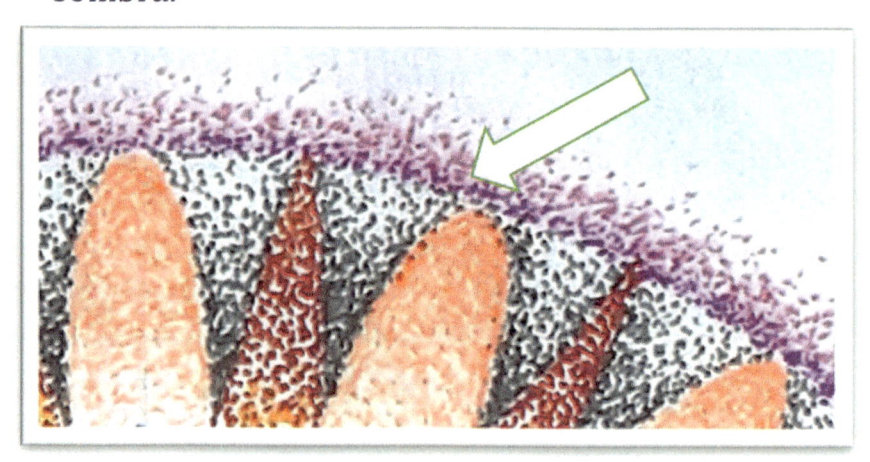

El punteado violeta en detalle

Aquí podemos observar el efecto general

PATRON MANDALA RADIANTE

MANDALA DULZURA

MATERIALES

Utilizaremos Marcadores y/o microfibras de color:

- Amarillo claro y oscuro.
- Fucsia, purpura o magenta, rosa, violeta.
- Verde manzana, verde, celeste y azul.

Así como Biromes de color: Violeta claro, verde oscuro y azul.

EL PASO A PASO:

1. CENTRO

- Comenzar a puntear con micro fibra amarillo claro.
- Continuar punteando con el marcador amarillo mas oscuro, superponiendo los puntos sólo en las puntas que están señalando hacia centro.

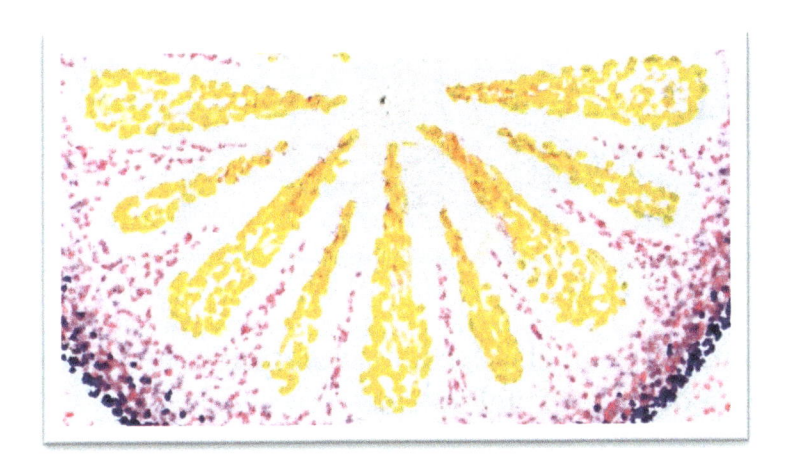

Punteado completo

2. CÍRCULO CENTRAL

- Puntear el círculo con la birome color violeta claro.
- Realizar una segunda vuelta de punteado, armando una franja angosta hacia el centro, pero con puntos más separados.

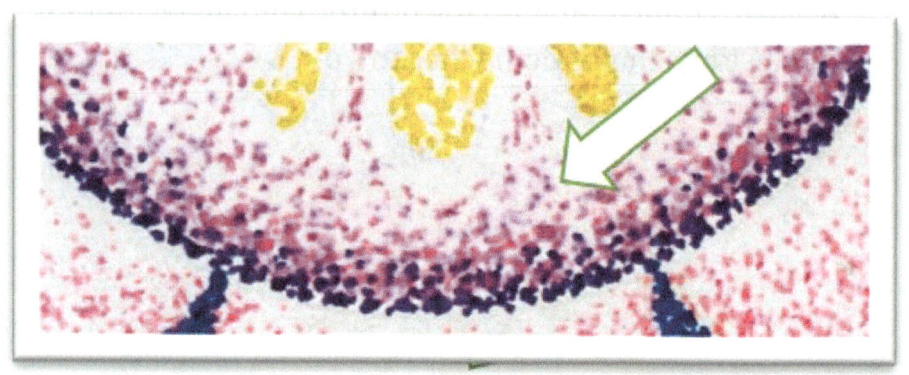

- Continuar con el marcador violeta sólo en el espacio cerca de la línea del borde.

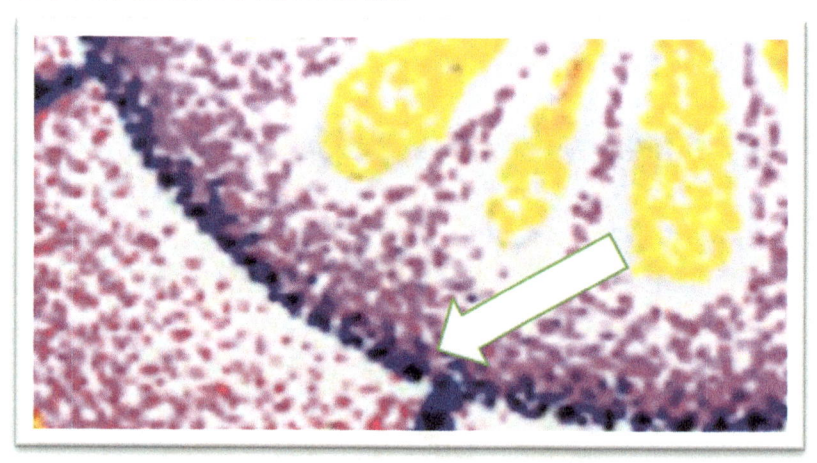

- Terminar superponiendo puntos distanciados de púrpura o magenta entrando en los espacios de los pétalos amarillos y dejando alrededor de los pétalos un pequeño espacio

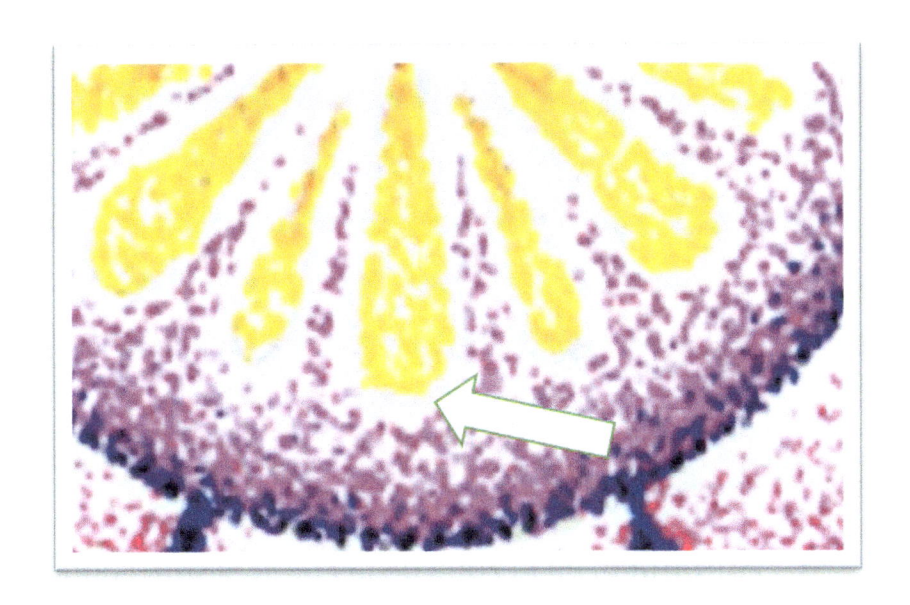

3. PÉTALOS ROSAS
- Puntear con microfibra rosa o fucsia colocando más puntos en los bordes.
- Dejar un pequeño espacio cerca del circulo

A continuación, podrás observarlo en detalle

- Por último, en la zona de las puntas superponer sobre el color rosa el amarillo oscuro, creando un efecto anaranjado

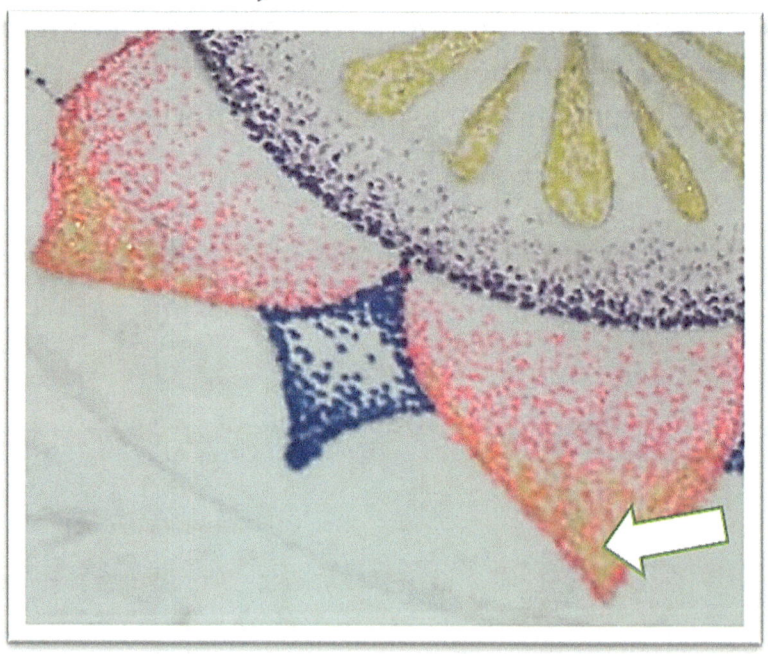

4. ROMBO VIOLETA

- Con birome violeta claro puntear todo el rombo, sobre uno de los lados puntear más.
- Superponer puntos con marcador violeta sobre el lado en el que se colocaron más puntos.

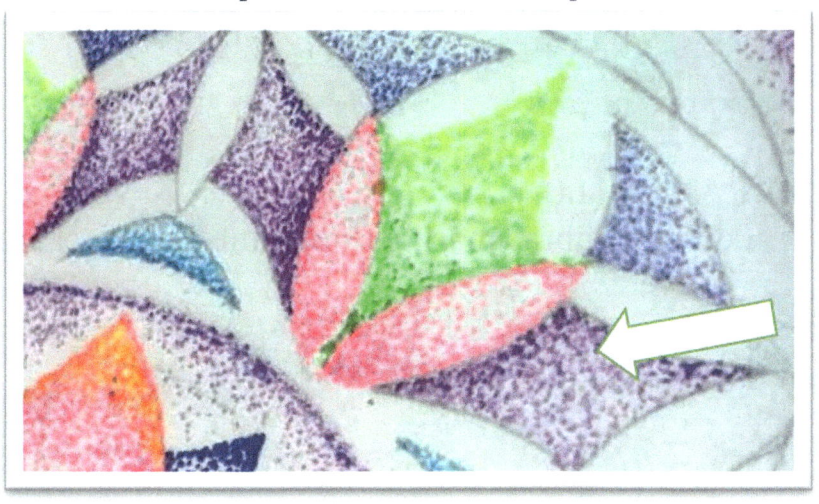

5. PÉTALO AZUL

- Con birome azul comenzar a puntear en la zona interna, con puntos muy juntos y superpuestos.
- Gradualmente distanciar los puntos, punteando hacia el borde opuesto, de manera más suave y apoyando menos la birome.

- Completar con micro fibra azul en la zona interna, para crear sombras.

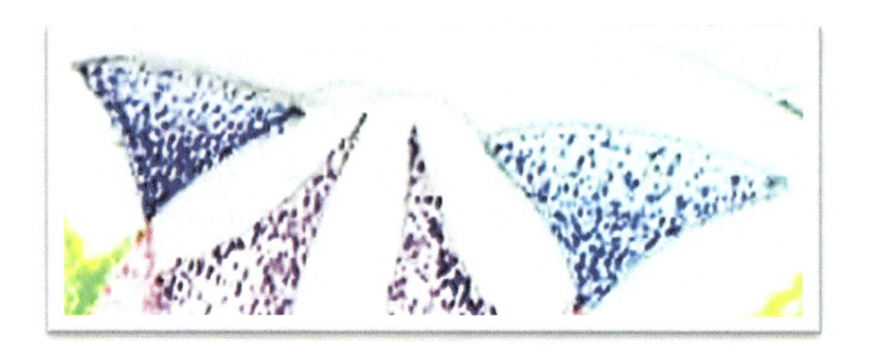

6. BORDE AMARILLO

- Con microfibra amarillo claro puntear toda el área.

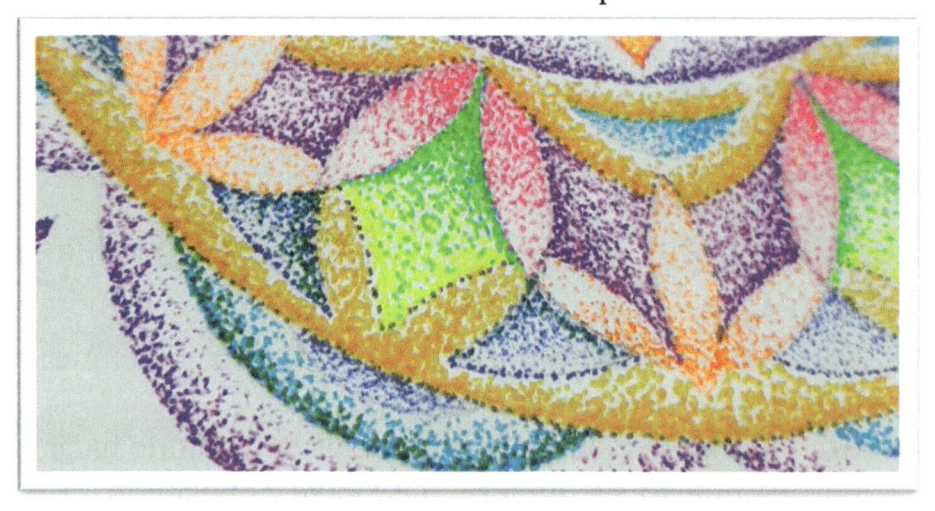

- Superponer muchos puntos sobre el borde más externo.

7. BORDES VIOLETAS

- Puntear el círculo con la birome color violeta claro.
- Realizar una segunda vuelta de punteado, armando una franja angosta hacia el centro, pero con puntos más distanciados y alternando con micro fibra fucsia.

- Continuar con el microfibra violeta sólo en la línea del borde.

8. TERMINACIONES

- Puntear las pequeñas formas que se encuentran fuera del mandala, con birome violeta, colocando más puntos en la punta, e ir distanciándolos a medida que se aleja de esta.

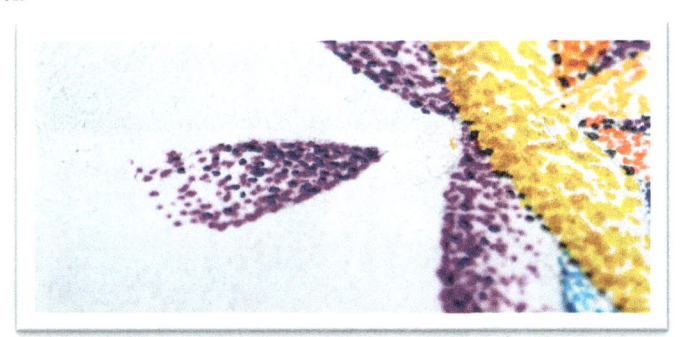

Aquí observamos el detalle del mandala terminado.

PATRON MANDALA DULZURA

PATRONES PARA PRÁCTICAR

Mandala primaveral

Mandala de corazones

Mandala Árbol de la Vida

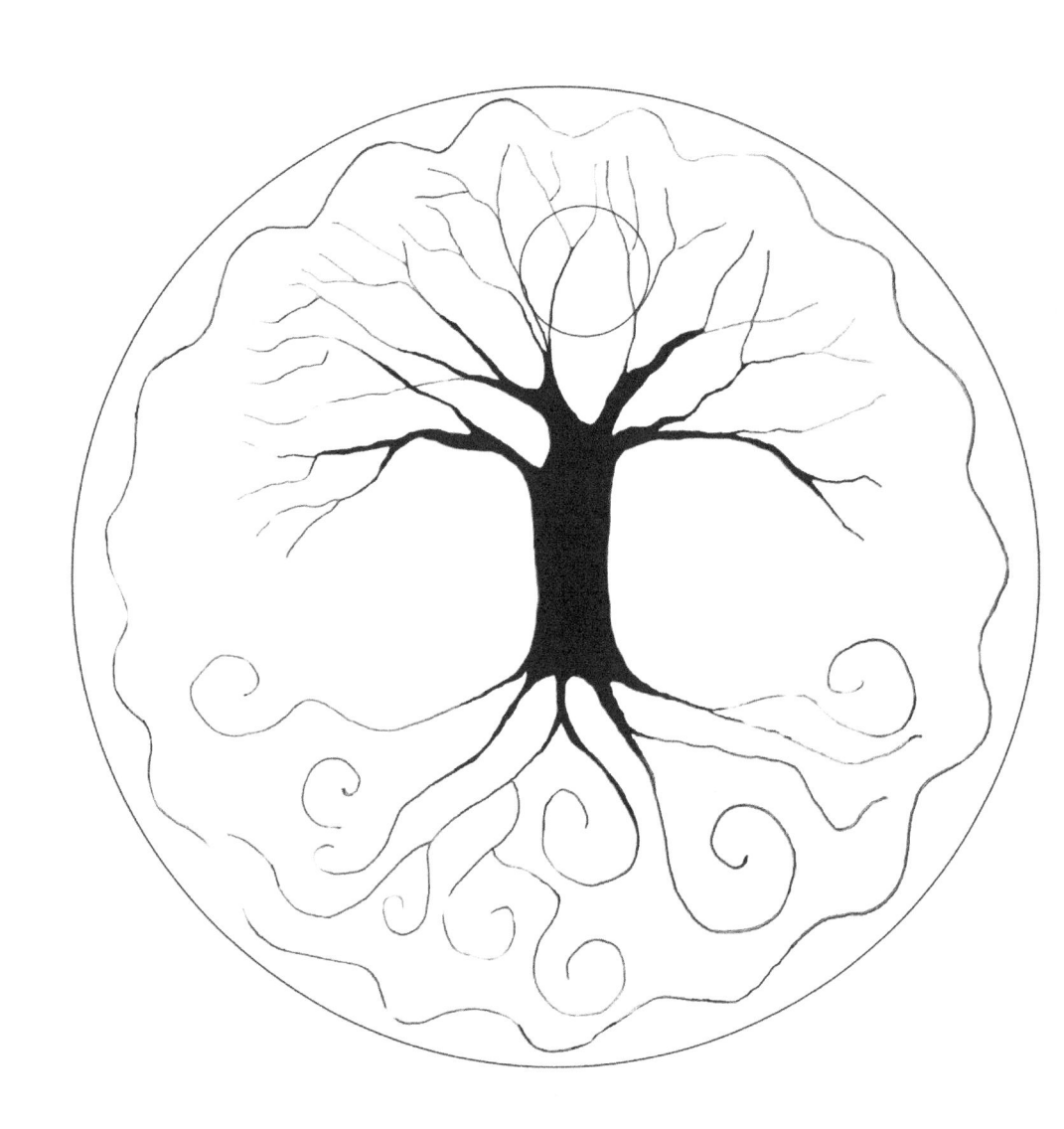

Mandala con mariposas

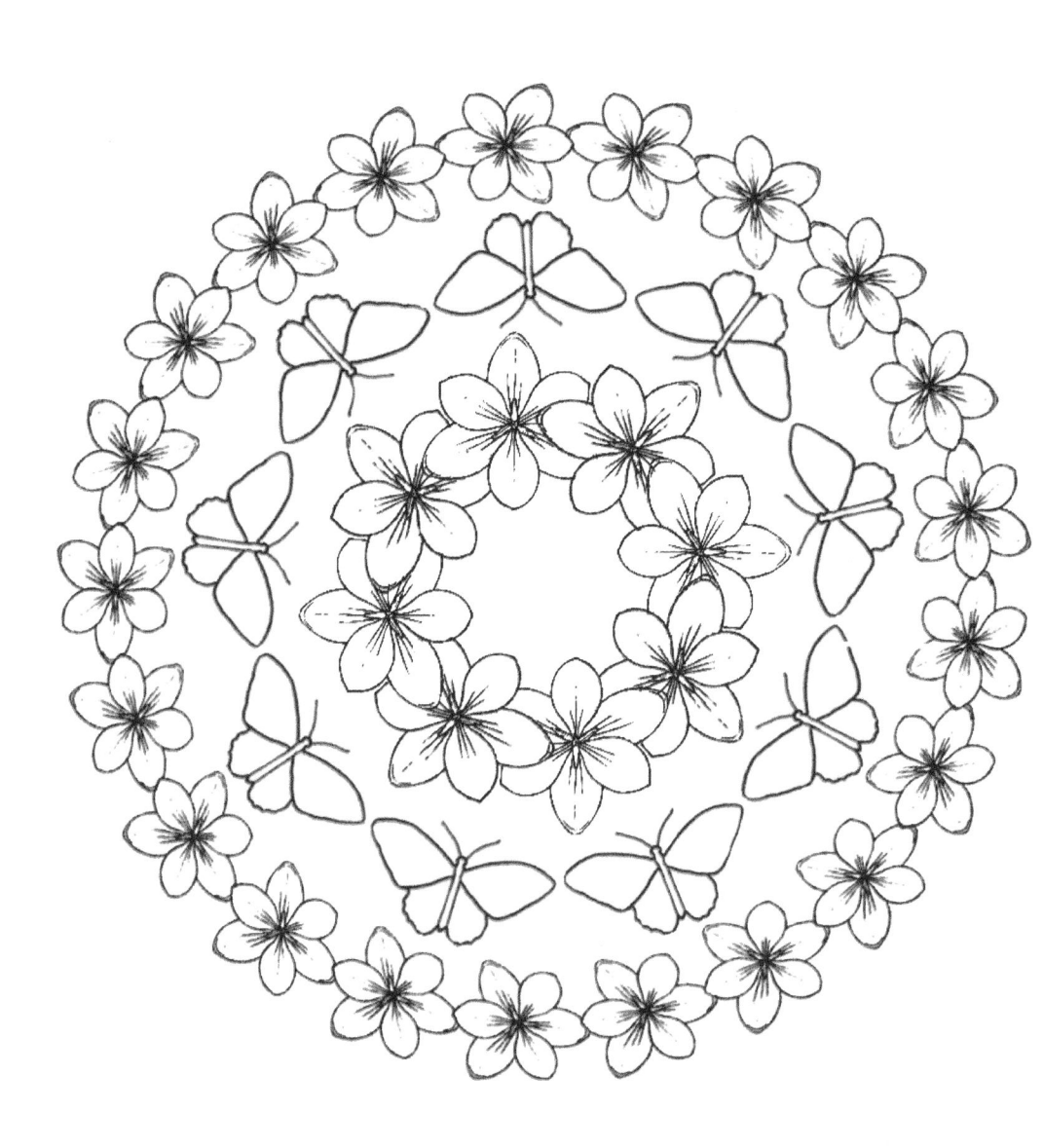

Mandala universo

Mandala Radiante

Mandala dulzura

Hoja de practica

Flor central

Esfumados

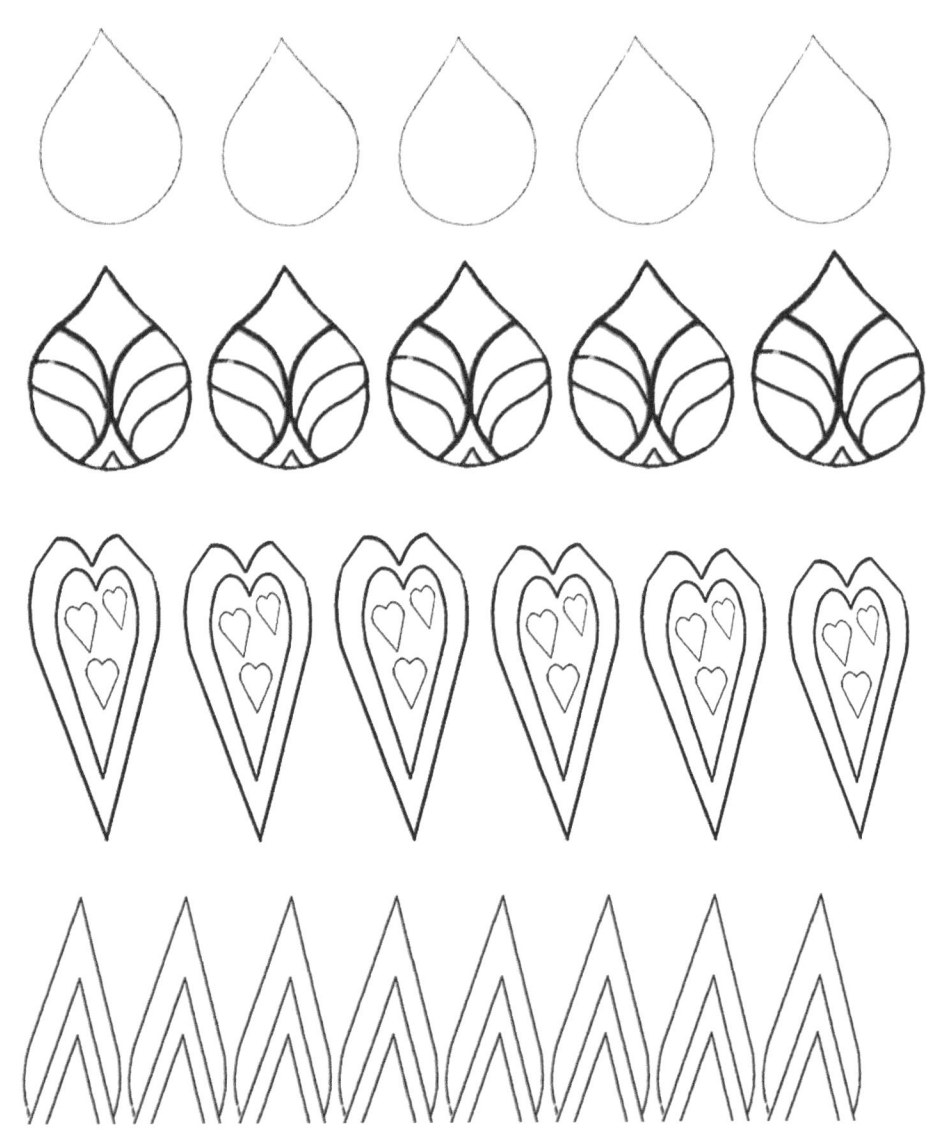

Mariposas

Flores

Centros

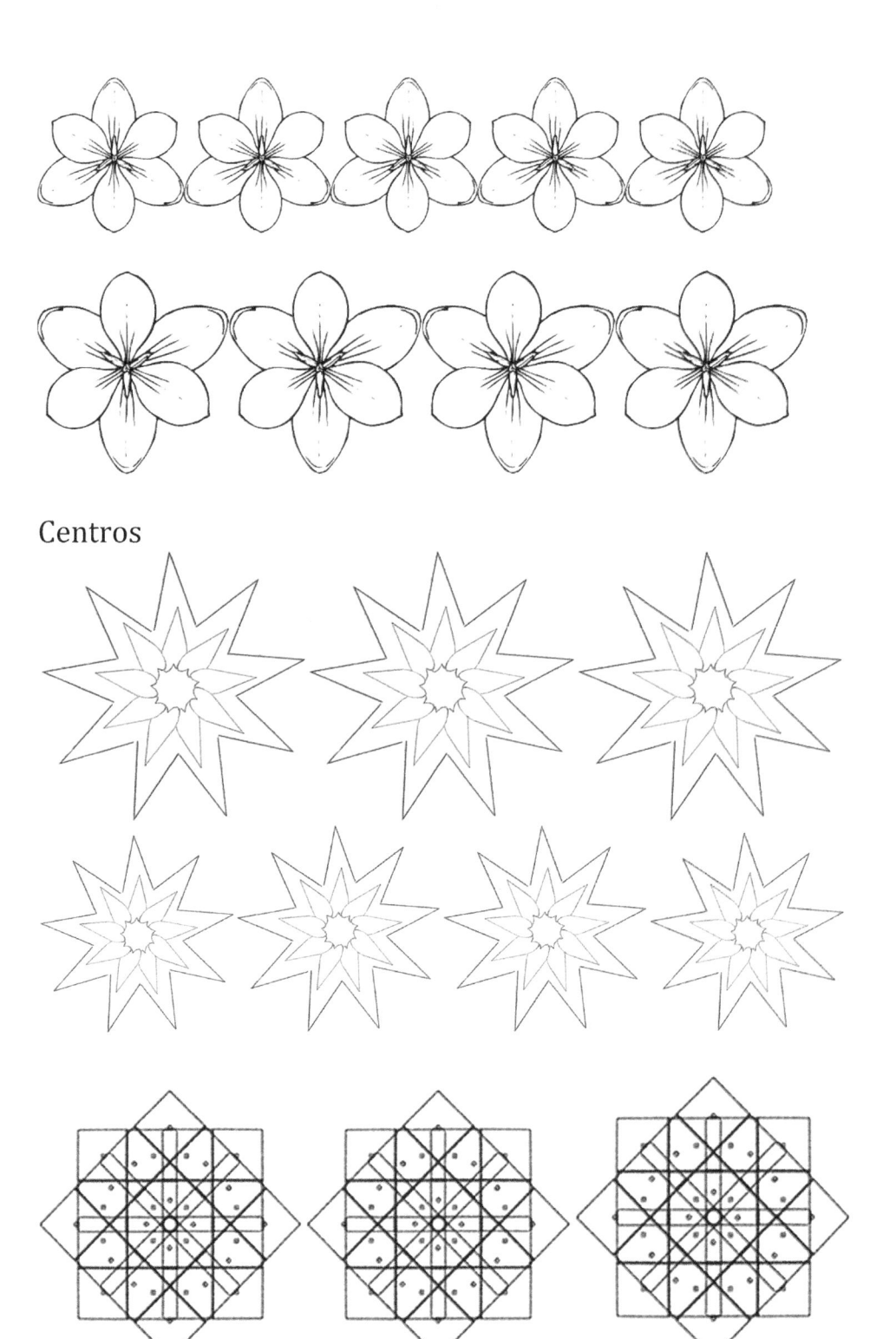

OTROS LIBROS Y CURSOS DE CELINA EMBORG

Puedes encontrar más cursos, libros y talleres en mi sitio emborg.com.ar.

Mandalas con piedras: Aprende a realizar mandalas en piedras con la técnica del puntillismo.

Mandalas para niños: Aprender a trabajar un taller de mandalas para niños. Un curso orientado maestras y profesionales que trabajan con niños y desean incorporar los mandalas en su taller

Laberintos, El camino del alma: Descubre los secretos de los laberintos, y aprende a utilizarlos como una herramienta terapéutica.

Laberintos Mágicos, para meditar y pintar: Una obra donde a través de los ejercicios de pintura y meditación con laberintos vas encontrar tu centro.

Mandalas Personales, Pinta tu alma: El mandala personal representa la energía de tu persona en un solo símbolo

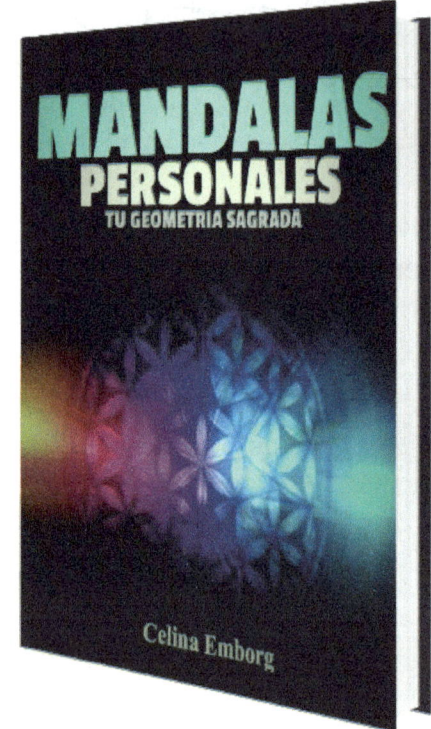